V&R

Dienst am Wort

Die Reihe für Gottesdienst und Gemeindearbeit

76

Zitate zum Kirchenjahr · Band 2

Verlag Vandenhoeck & Ruprecht
in Göttingen

Zitate zum Kirchenjahr

Eine Sammlung für die praktische Auslegung

Band 2: Exaudi bis Ewigkeitssonntag

Herausgegeben von
Hans-Helmar Auel
Hildegard Hamdorf-Ruddies
Manfred Josuttis
Hans-Dieter Stolze

Verlag Vandenhoeck & Ruprecht
in Göttingen

Die Deutsche Bibliothek – CIP-Einheitsaufnahme

Zitate zum Kirchenjahr: eine Sammlung für die praktische Auslegung / hrsg. von Hans - Helmar Auel... – Göttingen: Vandenhoeck und Ruprecht
Bd. 2 Exaudi bis Ewigkeitssonntag. – 1997
(Dienst am Wort; 76)
ISBN 3-525-59341-4

Satz: Grohs, Landolfshausen.
Druck und Bindearbeit: Hubert & Co., Göttingen.

Inhalt

Exaudi

Ist ein Fest schöner, wenn es länger ist?
Mein Leben ist ein Fest.

Paula Modersohn-Becker (1876–1907), deutsche Malerin

1. Kor 7,29–31

Das Wasser spricht unablässig und wiederholt sich niemals.

Octavio Paz (geboren 1914), mexikanischer Schriftsteller

Um die Wahrheit zu erfahren,
muß man den Menschen widersprechen.

George Bernard Shaw (1856–1950), irischer Schriftsteller

Eph 4,22–32

Lebensklugheit bedeutet: alle Dinge möglichst wichtig, aber keines völlig ernst nehmen.

Arthur Schnitzler (1862–1931), österreichischer Schriftsteller.
In: Buch der Sprüche und Bedenken. Darin: Kleine Sprüche 25

Mt 7,24–27

Die Menschen machen Gesetze, wie die Schneider Kleider machen, passend für die krummen Leiber, denen sie dienen sollen, den Launen der Leute passend, die von diesen Gesetzen regiert werden sollen.

Milton/Spurgeon, Nr. 7

Ps 1

Wenn Gott sich wesentlich in mir geboren find't,
So bin ich (Wunderding!) ein Ries' und auch ein Kind.

Angelus Silesius (II, 105)

Röm 8,14–17

Es flutet viel Wasser unter dem Erdboden, das nicht als Quelle herausbricht. Dessen dürfen wir uns getrösten. Selber aber sollen wir Wasser sein, das den Weg findet, Quelle zu werden, an der Menschen den Durst nach Dankbarkeit stillen können.

Albert Schweitzer (1875–1965), evangelischer Theologe, Musiker, Arzt.
In: Ausgewählte Kostbarkeiten, S. 44

Joh 4

Das Schicksal mischt die Karten,
und wir spielen.

Arthur Schopenhauer (1788–1860), deutscher Philosoph

Joh 9,1–7

Pfingstsonntag / Pfingstmontag

Der Versuch, den Himmel auf Erden zu verwirklichen, produzierte stets die Hölle.

Karl Popper (1912–1995), Philosoph

1. Mose 3,1–19

Man soll nie vergessen,
daß die Gesellschaft lieber unterhalten
als unterrichtet sein will.

Adolf Freiherr von Knigge (1751–1796), deutscher Schriftsteller

Psalm 119,37

Die Sprache ist uns nicht gegeben, damit wir uns gegenseitig täuschen, sondern damit wir unsere Gedanken anderen mitteilen können.

Augustinus (354–430), lateinischer Kirchenlehrer

Die Sprache ist ein Zauberstab. Also kann sie auch zum Marterinstrument und zur Mordwaffe werden.

Fritz Diettrich (1902–1964), deutscher Schriftsteller

So sehr mich das Problem des Elends in der Welt beschäftigte, so verlor ich mich doch nie im Grübeln darüber, sondern hielt mich an den Gedanken, daß es jedem von uns verliehen sei, etwas von diesem Elend zum Aufhören zu bringen.

Albert Schweitzer (1875–1965), evangelischer Theologe, Musiker, Arzt.
In: Ausgewählte Kostbarkeiten, S. 48

Gal 6,9

Zu den Personen in Bert Brechts Schauspiel „Mutter Courage und ihre Kinder" gehört auch ein Feldprediger. Der sagt einmal zur Titelfigur: „Gott hat mir die Gabe der Sprachgewalt verliehen. Ich predig, daß Ihnen Hören und Sehen vergeht." Darauf antwortet Mutter Courage: „Ich möcht gar nicht, daß mir Hören und Sehen vergeht."

Bert Brecht (1898–1956), deutscher Schriftsteller.
»Gott hat mir die Gabe der Sprachgewalt verliehen."
In: Gesammelte Werke, Mutter Courage und ihre Kinder.

1. Sam 3,1–14

Alle Menschen werden ehrlich geboren und sterben als Betrüger.

Marquis de Vauvenargues (1715–1747).
In: Réflexions et maximes

1. Mose 8,18–22

Vergessen, das ist der Inbegriff der Sünde!

Franz Werfel (1890–1945), deutscher Schriftsteller

Jer 2,13

Erwirbt ein Erdensohn sich Lob und Preis,
Gleich bildet sich um ihn ein Sagenkreis.

Conrad Ferdinand Meyer (1825–1998), Schweizer Schriftsteller.
In: Huttens letzte Tage L: „Mythos“

Phil 2,3

Jedes ‘ja’ ist ein kurzer Hauptsatz, dem ein langer Nebensatz mit ‘obwohl’ vorausgeht.

Hans Kudszus (1901–1977), deutscher Aphoristiker

1. Mose 11,1–9

Er ist ein Gott, der die Seele und das Herz derer erfüllt, die er besitzt.

Blaise Pascal (1623–1662), französischer Philosoph und Mathematiker.
In: Romano Guardini, Christliches Bewußtsein. Versuche über Pascal, S. 135. Matthias-Grünewald-Verlag, Mainz / Verlag Ferdinand Schöningh, Paderborn ^{4}1991. © Katholische Akademie in Bayern

Lk 17,20–21

Geh nicht allein durchs Leben,
das ist dir viel zu schwer,
es gibt so viel zu heben,
allein drückt's dich zu sehr;
es gibt so viel zu klagen,
du darfst nicht einsam sein,
es gibt so viel zu tragen,
geht nicht, geh nicht allein.

Aus einem holländischen Kirchenlied

Psalm 25,16

Wer Gott aufgibt, der löscht die Sonne aus,
um mit der Laterne weiterzuwandern!

Christian Morgenstern (1871–1914), deutscher Schriftsteller

Psalm 119,105

Wer erfahren hat, wie merkwürdig schwarz die Nacht unter Umständen sein kann, der weiß auch, welch ein Licht ein einziger Johanniskäfer in den Busch zu werfen vermag.

Wilhelm Raabe (1831–1910), deutscher Schriftsteller.
In: Gesammelte Erzählungen

Lk 12,35

Unkraut nennt man die Pflanzen,
deren Vorzüge noch nicht erkannt worden sind.

Ralph Waldo Emerson (1803–1882), amerikanischer Philosoph

1.Kor 1,18–25

Rudern zwei
ein boot,
der eine
kundig der sterne,
der andre
kundig der stürme,
wird der eine
führn durch die sterne,
wird der andre
führn durch die stürme,
und am ende, ganz am ende
wird das meer in der erinnerung
blau sein

Reiner Kunze (geboren 1933), deutscher Schriftsteller.
„Rudern zwei". In: ders., Gespräch mit der Amsel.

Trinitatis / Tag der heiligen Dreifaltigkeit

Gott ist nicht hoch, nicht tief: wer endlich anders spricht,
Der hat der Wahrheit noch gar schlechten Unterricht.

Angelus Silesius

Eph 3,14–21

Das Antlitz Gottes sehn, ist alle Seligkeit;
Von dem verstoßen sein, das größte Herzeleid.

Angelus Silesius (IV, 84)

Psalm 27,7–9

Der geoffenbarte Gott ist „sichtbar" und „unsichtbar" zugleich. Gründe sprechen für ihn und Gründe gegen ihn. Er zieht an und stößt ab. Es gibt Motive zur Bejahung, aber auch solche, ihn abzulehnen.

Romano Guardini (1885–1968), deutscher Religionsphilosoph und Theologe.
In: Christliches Bewußtsein, Versuche über Pascal, S. 138. Matthias-Grünewald-Verlag, Mainz / Verlag Ferdinand Schöningh, Paderborn [4]1991.

1.Tim 3,16

Das schönste Glück des denkenden Menschen ist,
das Erforschliche erforscht zu haben
und das Unerforschliche zu verehren.

Johann Wolfgang von Goethe (1749–1832), Dichter

Sprüche 25,2

Die Gottheit ist ein Brunn, aus ihr kommt alles her
Und läuft auch wieder hin, drum ist sie auch ein Meer.

Angelus Silesius (III, 168)

Joh 4,5–14

Einmal fragte ich einen alten Mann, was er unter Gnade verstehe. Er antwortete mir mit einer kleinen Geschichte: „Ich war als Soldat in Rußland und dort auch nach dem Krieg als Gefangener. Ich arbeitete bei einem Bauern, dessen beide Söhne von den Deutschen erschossen worden waren. Der Bauer ließ mich nachts mit der Familie auf dem warmen russischen Ofen schlafen. Sie ertrugen es, daß ich sie manchmal berührte. Das war für mich Gnade."

Dorothee Sölle (geboren 1929), Theologin.
In: Die heilsame Rede, 1989

Röm 3,21–28

Gott ist offenbar und verborgen zugleich, Das, was ihn ins Menschliche übersetzt, verhüllt ihn zugleich.

Romano Guardini (1885–1968), deutscher Religionsphilosoph und Theologe.
In: Christliches Bewußtsein. Versuche über Pascal, S. 137. Matthias-Grünewald-Verlag, Mainz / Verlag Ferdinand Schöningh, Paderborn [4]1991. © Katholische Akademie in Bayern

1.Tim 3,16

1. Sonntag nach Trinitatis

Überlaß es der Zeit

Erscheint dir etwas unerhört,
Bist du tiefsten Herzens empört,
Bäume nicht auf, versuchs nicht mit Streit,
Berühr es nicht, überlaß es der Zeit.
Am ersten Tage wirst du feige dich schelten,
Am zweiten läßt du dein Schweigen schon gelten,
Am dritten hast du's überwunden;
Alles ist wichtig nur auf Stunden,
Ärger ist Zehrer und Lebensvergifter,
Zeit ist Balsam und Friedensstifter.

Theodor Fontane (1819–1898), deutscher Schriftsteller

An der Tür eines jeden zufriedenen, glücklichen Menschen müßte jemand mit einem Hämmerchen stehen und ständig mit seinem Klopfen daran erinnern, daß es Unglückliche gibt, daß das Leben, so glücklich es auch sein mag, ihm früher oder später seine Krallen zeigen wird und daß auch ihn das Unglück treffen wird – Krankheit, Armut, Verluste …

Anton Tschechow (1860–1904), russischer Schriftsteller.
In: Aus den Notizen eines Jähzornigen – Geschichte: Die Stachelbeeren, Reclam Verlag, Leipzig, 1990

Ich, Jossel, Sohn des Jossel Rackower von Tarnopol, ein Nacheiferer des Gerer Rabbi und Nachkomme der großen Zaddikim aus den Familien Rackower und Meisel, schreibe diese Zeilen, während das Warschauer Ghetto in Flammen steht...

Ich kann Dich nicht loben für die Taten, die Du duldest. Ich segne aber und lobe Dich für Deine schreckliche Größe, die gewaltig sein muß, wenn selbst das, was jetzt geschieht, auf Dich keinen Eindruck macht. Und eben, weil Du so groß bist und ich so klein, bitte ich: Ich warne Dich um Deines Namens willen! Höre auf, Deine Größe zu beweisen, indem Du die Unglücklichen schlägst!...

Es wird Dir nicht gelingen. Du kannst mich schlagen, mir das Beste und Teuerste nehmen, das ich auf der Welt habe. Du kannst mich zu Tode peinigen – ich werde immer an Dich glauben. Ich werde Dich immer lieben – Dir selbst zum Trotz!

Und was sind meine letzten Worte an Dich, mein zorniger Gott: Es wird Dir nicht gelingen! Du hat alles getan, damit ich nicht an Dich glaube, damit ich an Dir verzweifle! Ich aber sterbe, wie ich gelebt habe, im felsenfesten Glauben an Dich. Höre, Israel, der Ewige ist unser Gott, der Ewige ist einig und einzig!

Aus einem Text, der in einer Flasche in den Trümmern des Warschauer Ghettos gefunden wurde; aus dem Jiddischen von Zwi Kolitz

Leiden sind Lehren.

Nach Herodot (490–425/20), griechischer Geschichtsschreiber. In: Histories apodexis

Mt 5,11–12

„Mein Rabbi", so erinnert sich Jossel Rackower, während er im brennenden Warschauer Ghetto mit Gott spricht, „hat mir oft eine Geschichte erzählt von einem Juden, der mit Frau und fünf Kindern der spanischen Inquisition entflohen war und über stürmische Meere in einem kleinen Boot zu einer steinigen Insel trieb. Es kam ein Blitz und erschlug die Frau. – Es kam ein Sturm und schleuderte seine Kinder ins Meer.

Allein, elend wie ein Stein, matt und barfuß, geschlagen vom Sturm und geängstigt von Donner und Blitz, mit verwirrtem Haar und die Hände zu Gott erhoben, ist der Jude seinen Weg weitergegangen auf der weiten Felseninsel und hat zu Gott gesagt: 'Gott von Israel, ich bin hierher geflohen, um Dir ungestört dienen zu können, um Deine Gebote zu erfüllen und Deinen Namen zu heiligen. – Du aber hat alles getan, damit ich nicht an Dich glaube!

Solltest Du meinen, es werde Dir gelingen, mich von meinem Weg abzubringen, so sage ich Dir, mein Gott und Gott meiner Väter – es wird Dir nicht gelingen. Du kannst mich schlagen, mir das Beste und Teuerste nehmen, das ich auf dieser Welt habe. Du kannst mich zu Tode bringen – ich werde immer an Dich glauben. Ich werde Dich liebhaben – Dir selbst zum Trotz!'"

Zwi Kolitz

Nichts ist, als Ich und Du: und wenn wir zwei nicht sein,
So ist Gott nicht mehr Gott und fällt der Himmel ein.

Angelus Silesius (II, 178)

1. Mose 2,18–25

Wer alles will, wird leer ausgehen.

Spuren des Lebens

1.Tim 2,1–6a

Wer nicht hören will, muß fühlen.

Sprichwort

Die wahre Ehrfurcht geht niemals aus der Furcht hervor.

Marie von Ebner-Eschenbach (1830–1916), österreichische Schriftstellerin.
In: Aphorismen

Es ist nicht wahr, daß alles Gott enthüllt, und es ist nicht wahr, daß alles Gott verbirgt. Aber es ist wahr, daß er sich denen verbirgt, die ihn nicht suchen, und zugleich, daß er sich denen enthüllt, die ihn suchen. Denn die Menschen sind Gottes unwürdig und gottfähig zugleich.

Blaise Pascal (1623–1662), französischer Philosoph und Mathematiker.
In: Romano Guardini, Christliches Bewußtsein. Versuche über Pascal, S. 131f. Matthias-Grünewald-Verlag, Mainz /Verlag Ferdinand Schöningh, Paderborn [4]1991.

1.Tim 3,16

Es gibt nur ein Original der Liebe, aber tausend verschiedene Kopien.

Francois la Rochefoucauld (1613–1680), französischer Schriftsteller.
In: Réflexions ou sentences et maximes morales 74 (1678)

2. Sonntag nach Trinitatis

Ein Weiser kam in eine Stadt und erfuhr, daß dort ein sehr freigebiger Mann wohne, der Reisende aufs beste zu bewirten pflege. Der Weise, der in schmutzigen Kleidern steckte, begab sich zu jenes Mannes Haus. Doch zeigte ihm der Reiche nicht die geringste Freundlichkeit. Er hieß ihn nicht einmal niedersitzen. Da faßte Scham den Weisen, und er ging seines Weges.

Am nächsten Tage verschaffte er sich eine prächtige Ausstattung an Kleidern, schmückte sich damit und ging aufs neue zu dem Reichen. Der begrüßte ihn diesmal mit tiefer Verneigung, lud ihn ein, an seiner Seite Platz zu nehmen, und ließ die leckersten Gerichte auftragen. Der Weise setzte sich zu Tische. Doch er aß nicht, sondern schüttete Speisen und Getränke auf seine Kleider. Verwundert fragte ihn der Herr des Hauses, was er da beginne. Er antwortete: „Gestern kam ich in alten Kleidern hierher, da botest du mir keinen Bissen zu essen. Heute, da ich fein gekleidet bin, muß ich glauben, daß diese Mahlzeit nicht für mich, sondern für meine Kleider bestimmt sei."

Quelle unbekannt

1.Petr 3,3–4

Liebe schließt auch das Ausgeschlossene ein.

Spuren des Lebens

Rabbi Nathan: „Jeder, der seinen Nächsten haßt, der entwurzelt Gott aus dieser Welt."

Pinchas Lapide (geboren 1922), jüdischer Theologe.
In: „Bergpredigt"

Mt 5,38–48

Die meisten Menschen machen das Glück zur Bedingung. Aber das Glück findet sich nur ein, wenn man keine Bedingungen stellt.

Artur Rubinstein (1887–1982), Pianist

Lk 19,1–10

Wir haben gelernt, wie Vögel zu fliegen,
wie die Fische zu schwimmen.
Doch wir haben die einfache Kunst verlernt,
wie Brüder zu leben.

Martin Luther King (1929–1968), amerikanischer Baptistenpfarrer und schwarzer Bürgerrechtler

Röm 12,10

Etwas schön finden heißt ja wahrscheinlich vor allem: es finden.

Robert Musil (1880–1942), österreichischer Schriftsteller

Die meisten Menschen brauchen mehr Liebe, als sie verdienen.

Marie von Ebner-Eschenbach (1830–1916), österreichische Schriftstellerin

Einem durchlöcherten Fasse gleicht der Bösewicht: Alles, was du an Gutem ihm tust, schüttest du sinnlos nur fort.

Lukianos von Samosata.
In: Funkelnd wie Blitze, so grell – Epigramme aus der Griechischen Anthologie, Reclam-Verlag, Leipzig 1991

Mt 18,21–35

3. Sonntag nach Trinitatis

Ein Bruder sagte zum Altvater Poimen: „Ich habe eine große Sünde begangen und will drei Jahre dafür Buße tun.“ Der Greis antwortete ihm darauf: „Das ist viel!“ Der Bruder erwiderte: „Aber dann ein Jahr lang?“ Der Greis darauf: „Das ist viel!“ Die Anwesenden meinten: „Vierzig Tage.“ Und wieder sprach der Greis: „Das ist viel. Ich sage euch: Wenn der Mensch aus ganzem Herzen bereut und sich vornimmt, die Sünde nicht mehr zu tun, dann nimmt ihn Gott auch bei einer Buße von drei Tagen wieder auf.“

Weisung der Väter, S. 213

Röm 2,1–11

Ein Mensch ist ein Mensch, wenn er auch ein Bankrottierer ist; er hat ein Sein, obgleich sein Wohlsein dahin ist.

Milton / Spurgeon, Nr. 286

Du kannst nicht einen dummen Esel in das Feuer treiben, das vor seinen Augen angezündet ist.

Milton / Spurgeon, Nr. 65

Abbas Mios wurde von einem Soldaten gefragt, ob wohl Gott die Buße annehme. Nachdem er ihn in vielen Gesprächen unterwiesen hatte, sprach er zu ihm: „Sage mir, mein Lieber, wenn dein Gewand einen Riß bekommen hat, wirfst du es dann weg?“ Er antwortete, „Nein, sondern ich flicke es und gebrauche es weiter.“ Da erklärte ihm der Greis: „Wenn du also dein Gewand schonst, wird dann nicht auch Gott sein eigenes Geschöpf verschonen?“

Weisung der Väter, S. 194f.

Wenn der Mensch fühlt, daß er nicht mehr hinten hoch kann, wird er fromm und weise; er verzichtet dann auf die sauern Trauben der Welt. Dieses nennt man innere Einkehr.

Kurt Tucholsky (1890–1935), deutscher Schriftsteller.
In: Der Mensch

Es regnete so stark, daß alle Schweine rein und alle Menschen dreckig wurden.

Georg Christoph Lichtenberg (1742–1799), Physiker und Schriftsteller.
In: Sudelbücher F 100

Die Seele nährt sich von dem, worüber sie sich freut.

Chassidim

Ps 84,3

Die Buße führt dich nicht in eine Welt von Leiden;
Gott kennt und liebt dein Glück;
sie führt zu deinen Freuden.

Christian Fürchtegott Gellert (1717–1769), deutscher Schriftsteller

Lk 15,1–7

Daß Gott uns nicht zwingt, das ist seine Härte.

Ludwig Strauß (1892–1953), israelischer Schriftsteller

4. Sonntag nach Trinitatis

Auch die Stimme des Gewissens macht einen Stimmbruch mit.

Stanislaw Jerzy Lec (1909–1966), polnischer Lyriker und Aphoristiker.
In: Alle unfrisierten Gedanken.

Apg 24,16

Sicherlich würde das menschliche Leben weit glücklicher
verlaufen,
wenn der Mensch ebensogut schweigen wie zu reden
vermöchte.
Aber die Erfahrung lehrt uns mehr als genug,
daß der Mensch nichts so schwer beherrscht wie seine
Zunge.

Baruch von Spinoza (1632–1677), jüdischer Philosoph

Ps 39,10

Abbas Neilos sprach: „Alles, was du aus Rache gegen einen Bruder tust, der dich beleidigt hat, wird in der Stunde des Gebetes in deinem Herzen auftauchen."

Weisung der Väter, S. 197

Röm 12,19

Unter Blinden ist der Einäugige König.

Sprichwort

Wenn alles sitzenbliebe,
Was wir in Haß und Liebe
So voneinander schwatzen;
Wenn Lügen Haare wären,
Wir wären rauh wie Bären
und hätten keine Glatzen.

Wilhelm Busch (1832–1908), deutscher Zeichner und Schriftsteller

Eph 4,22–32

Meine eigenen Angelegenheiten langweilen mich zu Tode.
Ich bevorzuge die Angelegenheiten anderer Leute.

Oscar Wilde (1856–1900), irischer Schriftsteller.
In: Lady Windermere's Fan (Lady Windermeres Fächer). 3. Akt

Wer nicht Partei ergreifen kann, der hat zu schweigen.

Walter Benjamin (1892–1940), deutscher Essayist und Erzähler.
In: Einbahnstraße. Darin: Die Technik des Kritikers in dreizehn Thesen. II

5. Sonntag nach Trinitatis

Nicht weil es schwer ist, wagen wir es nicht,
sondern weil wir es nicht wagen, ist es schwer.

Seneca (4 v. Chr. – 65 n. Chr.), römischer Philosoph

1.Mose 12,1–4a

… eine Reise von tausend Meilen
beginnt mit dem ersten Schritt.

Lao-Tse (geboren um 604 v. Chr.), chinesischer Philosoph.
In: Tao-Te Ching. Kap. 64

Fischer, Fischer hat gefischt,
hat die ganze Nacht gefischt
und hat doch keinen Fisch erwischt.

Kinderreim

Nichts bereuen ist aller Weisheit Anfang.

Ludwig Börne (1786–1837), deutscher Publizist

2.Kor 7,8–10

Der Mann hatte so viel Verstand, daß er fast zu nichts mehr in der Welt zu gebrauchen war.

Georg Christoph Lichtenberg (1742–1799), Physiker und Schriftsteller.
In: Sudelbücher D 451

Apg 26,34

Rabbi Sussja lehrte: Gott sprach zu Abraham: Geh aus deinem Land, aus deinem Geburtsort, aus dem Haus deines Vaters in das Land, das ich dir zeigen werde. Gott spricht zum Menschen: Zuvorderst geh aus deinem Land – aus der Trübung, die du selber dir angetan hast. Sodann aus deinem Geburtsort – aus der Trübung, die deine Mutter dir angetan hat. Danach aus deinem Vaterhaus – aus der Trübung, die dein Vater dir angetan hat. Nun erst vermagst du in das Land zu gehen, das ich dir zeigen werde.

Martin Buber (1878–1965), jüdischer Religionsphilosoph.
In: Die Erzählungen der Chassidim, Manesse Verlag Zürich 1949

Zwanghaftes Arbeiten allein würde die Menschen ebenso verrückt machen wie absolutes Nichtstun. Erst durch die Kombination beider wird das Leben erträglich.

Erich Fromm (1900–1980), deutscher Psychoanalytiker.
In: „Haben oder Sein“

2. Mose 20,9

Abbas Sisoes sprach: „Suche Gott, aber frage nicht, wo er wohnt!“

Weisung der Väter, S. 277

1.Tim 6,11–16

Die meisten leben in den Ruinen ihrer Gewohnheit.

Jean Cocteau (1889–1963), französischer Schriftsteller und Filmregisseur

Joh 5,1–16

6. Sonntag nach Trinitatis

In der Jugend lernt, im Alter versteht man.

Marie von Ebner-Eschenbach (1830–1916), österreichische Schriftstellerin.
In: Aphorismen

Ein Mensch geht willig und heiter zu Bett, weil er weiß, daß er am nächsten Morgen wieder aufstehen und seine Kraft erneuert fühlen wird. Fester Glaube an die Auferstehung würde uns ebenso heiter ins Grab gehen lassen, als wir zu Bett gehen; er würde machen, daß wir getrösteter stürben und ruhiger schliefen in dem Busen des Herrn, als wir in unsern eignen Betten ruhen.

Milton / Spurgeon, Nr. 284

Ps 139

Lesen, bis man keinen Satz mehr versteht, das erst ist Lesen.

Elias Canetti (1905–1995), österreichischer Schriftsteller.
In: Das Geheimherz der Uhr. Aufzeichnungen 1973–1985. Darin: 1984

Lk 10,26

Ein Blutstrom fließt durch achtzehn Jahrhunderte
und an seinen Ufern wohnt das Christentum.

Ludwig Börne (1786–1837), deutscher Publizist.
In: Gesammelte Schriften

Wird Christus tausendmal zu Bethlehem geboren
Und nicht in dir: du bleibst noch ewiglich verloren.

Angelus Silesius (I, 61)

Gal 2,20

Wie soll man eigentlich die Welt verwandeln,
wenn man nicht einmal gelernt hat, wie schwer es ist,
einen Menschen zu verändern.

Carl Friedrich von Weizsäcker (geboren 1912), deutscher Philosoph und Physiker

Röm 12,2

7. Sonntag nach Trinitatis

„Ich glaube, daß Gott aus allem, auch aus dem Bösesten, Gutes entstehen lassen kann und will. Dafür braucht er Menschen, die sich alle Dinge zum Besten dienen lassen.

Ich glaube, daß Gott uns in jeder Notlage soviel Widerstandskraft geben will, wie wir brauchen. Aber er gibt sie nicht im voraus, damit wir uns nicht auf uns selbst, sondern auf Ihn verlassen. In solchem Glauben muß alle Angst vor der Zukunft überwunden sein.

Ich glaube, daß Gott kein zeitloses Faktum ist, sondern daß er auf aufrichtige Gebete und verantwortungsvolle Taten wartet und antwortet."

Dietrich Bonhoeffer (1906–1945), deutscher Theologe.
In: Widerstand und Ergebung (KT 100), Chr. Kaiser / Gütersloher Verlagshaus, Gütersloh 1997[16]

„Moische, mach dich nicht so klein, so groß bist du gar nicht!"

Tobias Brocher in einer jüdischen Anekdote

Zum Hungernden kommt Gott im Brot.

Quelle unbekannt

Wer teilt, wird reicher.

Quelle unbekannt

Gedankenlosigkeit tötet. Andere.

Stanislaw Jerzy Lec (1909–1966), polnischer Lyriker und Aphoristiker.
In: Alle unfrisierten Gedanken. © 1982 Carl Hanser Verlag, München / Wien

Eph 4, 22–32

Nehmen. Geben. Wer zu rechnen liebt,
Der wird nie auf seine Rechnung kommen.
Leben lehrt: wer einen Finger gibt,
Dem wird gleich die ganze Hand genommen.

Gabst du? Wohl, du gabst. Nun warte nicht,
Daß die Jahre dir die Schuld begleichen.
Wags, ob auch die Klugheit widerspricht,
Soll und Haben kühnlich auszustreichen.

Dieses nur. Dann leg den Stift beiseit,
Armut wird dich unversehns versöhnen,
Ja, sie selbst, die karge Endlichkeit,
Will dich ans Unendliche gewöhnen.

Albrecht Goes (geb. 1908), deutscher Schriftsteller.
„Nehmen, Geben."
In: ders., Lichtschatten du. Gedichte aus fünfzig Jahren.
©S. Fischer Verlag GmbH, Frankfurt am Main 1978

Lk 21,1–4

Ich sag es nur mit Wehmut,
daß ich stolz bin auf meine Demut.

Quelle unbekannt

Wenn wir keinen Fehler hätten, würden wir nicht soviel Vergnügen daran finden, solche bei den andern zu entdecken.

Francois la Rochefoucauld (1613–1680), französischer Schriftsteller.
In: Réflexions ou sentences et maximes morales 31

Röm 2,1–11

8. Sonntag nach Trinitatis

Im November/Dezember feiern die Juden ihr Lichtfest Chanukka. Es erinnert an die Wiedereinweihung des Jerusalemer Tempels im 2. Jahrhundert vor Christus. Der Tempel war durch einen heidnischen Herrscher (Seleukiden) entweiht worden. Nachdem die jüdischen Makkabäer die Herrschaft gewonnen hatten, sollte der Tempel wieder eingeweiht werden. In einer talmudischen Legende wird erzählt, daß sich zu wenig Öl fand, um das ewige Licht anzuzünden. Jetzt stellte sich heraus, daß von den noch erhaltenen Krügen mit Weihöl nur ein einziger rituell rein war. Alle anderen waren entweder offen, teilweise aufgebraucht oder Zeus geweiht worden. Das Öl in diesem einen Krug reichte nur für einen Tag. Dank eines Wunders brannte das Licht jedoch acht Tage lang, was für die Weihe reichte – und bis genug frisches Olivenöl herbeigeschafft werden konnte. – Zur Erinnerung daran feiern die Juden bis heute Chanukka, indem sie an einem achtarmigen Leuchter jeden Tag ein Licht mehr anzünden.

Joh 8,12–16

Ich bin nicht außer Gott und Gott nicht außer mir,
Ich bin sein Glanz und Licht, und er ist meine Zier.

Angelus Silesius (I, 106)

Jes 60,1–6

Wieder sagte Abbas Jakob: „Wie die Lampe in einem dunklen Gemach Licht verbreitet, so ist es auch mit der Furcht Gottes: wenn sie in das Herz des Menschen kommt, erleuchtet sie ihn und lehrt ihn alle Tugenden und alle Gebote Gottes."

Weisung der Väter, S. 138f.

Ps 111,10

Halt deinen Leib in Ehr'n , er ist ein edler Schrein,
In dem das Bildnis Gott's soll aufbehalten sein.

Angelus Silesius (III, 109)

Zu Herrn Keuner kam ein Philosophieprofessor und erzählte ihm von seiner Weisheit. Nach einer Weile sagte Herr K. zu ihm: „Du sitzt unbequem, Du redest unbequem, Du denkst unbequem!" –

Der Philosophieprofessor wird zornig und sagte: „Nicht über mich wollte ich etwas wissen, sondern über den Inhalt dessen, was ich sagte!"

„Es hat keinen Inhalt" – sagte Herr K. – „Ich sehe Dich täppisch gehen, und es ist kein Ziel, das Du, während ich Dich gehen sehe, erreichst. Du redest dunkel, und es ist keine Helle, die Du während des Redens schaffst. – Sehend Deine Haltung, interessiert mich Dein Ziel nicht!"

Bert Brecht (1898–1956), deutscher Schriftsteller.
„Zu Herrn Keuner kam ein Philosophieprofessor."
In: Gesammelte Werke, Geschichten von Herrn Keuner.

Wenn ich, als ich schon blind war, am Strand saß, habe ich mir eine Handvoll Sand auf die andere Hand geschüttet und ihn mir durch die Finger rieseln lassen. Ich habe den Sand zwischen Daumen und Zeigefinger zerrieben und über die unterschiedlichen Texturen gestaunt. Manche Körner sind grob und spitz und feilen die Haut ganz fein, so daß jedes kleine Pünktchen hervortritt. Andere wieder sind so glatt und seidig, daß es fast unmöglich ist, einzelne Körner zu unterscheiden; der Sand verrinnt wie Wasser. Wenn ich die Hand noch ein Stückchen weiter ausstrecke, fasse ich wieder in Sand, und so immerfort. Ich weiß, als Sehender wüßte ich, daß sich dieser Strand meilenweit um die Bucht herumzieht. Dieser Strand ist nur einer von Tausenden solcher Strände, und wahrscheinlich gibt es tausend Menschen wie mich jetzt, die tun, was ich tue, die die Sandkörner zwischen den Fingern hindurchrieseln lassen und staunen. So ist es auch mit den göttlichen Gedanken. Mein Körper trägt sie in sich, jeden einzelnen, während ich wie ein Sandkorn von der Hand Gottes gehalten werde.

In tiefer Bewunderung heiße ich das göttliche Wissen willkommen. „Erforsche mich, Gott, und erkenne mein Herz: prüfe mich und erkenne, wie ich's meine. Und sieh, ob ich auf bösem Wege bin, und leite mich auf ewigem Wege“ (Ps 139,23f.). Es kommt nicht darauf an, daß ich blind bin, sondern daß ich gekannt und bei der Hand geführt werde und daß mein Leben, ob als Sehender oder als Blinder, voller Lob ist.

John M. Hull.
In: Im Dunkeln sehen. Erfahrungen eines Blinden, C.H. Beck München 1992

Ps 139,23–24

War einst ein König, der wissen wollte, welche seiner drei Töchter ihn am liebsten hätte. Die älteste sprach, sie habe ihn lieber als das ganze Königreich; die zweite, als alle Edelsteine auf der Welt; die dritte aber sagte, sie habe ihn lieber als das Salz. Der König ward aufgebracht, daß sie ihre Liebe zu ihm mit einer so geringen Sache vergleiche, übergab sie einem Diener und befahl, er solle sie im Wald töten. Wie sie in den Wald gekommen waren, bat die Prinzessin den Diener um ihr Leben; dieser war ihr treu, tötete sie nicht und sagte, er wolle nach ihren Befehlen tun. Die Prinzessin verlangte aber nichts als ein Kleid von Mäusehaut. Als er ihr das geholt, wickelte sie sich hinein und ging an den Hof eines benachbarten Königs. Sie gab sich für einen Mann aus und bat, daß der König sie in seine Dienste nehme. Der sagte, sie solle bei ihm die Aufwartung haben.

Später brachten ihm die Diener einen kostbaren Ring. Mäusehaut müsse ihn gestohlen haben. Als der König sie dieserhalb befragte, wickelte sie sich aus der Mäusehaut heraus. Das Mädchen war so schön, daß der König ihr seine Krone aufsetzte und sie zu seiner Gemahlin erklärte.

Zur Hochzeit wurde auch der Vater von Mäusehaut eingeladen. Der glaubte, seine Tochter sei längst tot und erkannte sie nicht. Auf der Tafel aber waren alle Speisen, die ihm vorgesetzt wurden, ungesalzen. Da ward er ärgerlich und sagte: „Ich will lieber nicht leben, als solche Speisen essen!“ Sprach die Königin zu ihm: „Jetzt wollt Ihr nicht leben ohne Salz, doch habt Ihr mich einmal wollen töten lassen, weil ich sagte, ich hätte Euch lieber als Salz!“ Da erkannte er seine Tochter, küßte sie und bat um Verzeihung. Und es war ihm lieber als sein Königreich, daß er sie wiedergefunden.

Brüder Grimm, Kinder- und Hausmärchen.

Ich stimme mit der Mathematik nicht überein. Ich meine, daß die Summe von Nullen eine bedrohliche Zahl ergibt.

Aus einer Reihe von Nullen macht man leicht eine Kette.

Stanislaw Jerzy Lec (1909–1966), polnischer Lyriker und Aphoristiker.
In: Alle unfrisierten Gedanken. © 1982 Carl Hanser Verlag, München / Wien

Mt 15,14

Die falsche Bescheidenheit ist die dezenteste von allen Lügen.

Nicolas Chamfort (1741–1984), französischer Schriftsteller.
In: Produits de la Civilisation perfectionnée. Darin. Maximes et Pensées, Caractères et Anecdotes

Besser ist es, ein Licht anzuzünden, als auf die Dunkelheit zu schimpfen.

Aus China

Lk 12,35

Wo Licht in den Menschen ist, scheint es aus ihnen heraus.

Albert Schweitzer (1875–1965), evangelischer Theologe, Musiker, Arzt.
In: Ausgewählte Kostbarkeiten, S. 53

9. Sonntag nach Trinitatis

Für die Dichter ist die Perle eine Träne aus dem Meer,
für den Orientalen ein erstarrter Tautropfen,
für die Damen ist sie ein Schmuck,
den sie an Finger, Hals oder Ohr tragen.
Für den Chemiker jedoch ist sie ein Gemisch
aus Phosphat und Kalziumkarbonat mit etwas Gelantine.
Und für den Biologen ist sie einfach eine krankhafte
Sekretion des Organs, das in gewissen zweischaligen
Muscheln Perlmutt produziert.

Jules Verne (1828–1905), französischer Schriftsteller

Zwei Dinge sind unendlich,
das Universum und die menschliche Dummheit,
aber bei dem Universum bin ich mir noch nicht ganz
sicher.

Albert Einstein (1879–1955), Physiker

Sprüche 3,7

In seinem umfangreichen Roman „Höret die Stimme“, der ursprünglich 1937 erschien, erzählt der deutsch-jüdische Schriftsteller Franz Werfel das Leben des Propheten Jeremia. Ein bezeichnender Satz betrifft die Berufung des Propheten. Gott sagt ihm: „Du bist meine Trompete. Ich bin der Atem, der Ton.“

Ein Araber hatte sich in der Wüste verirrt und schon mehrere Tage nichts mehr zu essen gefunden. Er war dem Hungertod nahe und schleppte sich völlig entkräftet zu einer Wasserstelle. Hier sah er die Spuren vieler Kamele im Sand; eine Karawane mußte den Platz erst vor kurzer Zeit verlassen haben. Plötzlich fiel sein Blick auf ein prall gefülltes Ledersäckchen. Er hob es auf und befühlte es, und da er meinte, es enthalte Datteln oder Nüsse, sah er sich schon gerettet. Mit zitternden Händen öffnete er das Säckchen, blickte hinein und ließ es dann enttäuscht fallen. „Ach", rief er voll Traurigkeit aus, „es sind nur Perlen!"

Quelle unbekannt

Mt 4,4

Es gibt kaum etwas auf dieser Welt, das nicht irgend jemand ein wenig schlechter machen und etwas billiger verkaufen könnte. Und die Menschen, die sich nur am Preis orientieren, werden die gerechte Beute solcher Machenschaften.

John Ruskin (1819–1900), englischer Schriftsteller und Maler

Mt 10,26b–33

Heute kennt man von allem den Preis,
von nichts den Wert.

Oscar Wilde (1854–1900), irischer Schriftsteller

Mt 10,10

Dummheit ist ein größerer Feind des Guten als Bosheit. Gegen das Böse läßt sich protestieren, es läßt sich bloßstellen, es läßt sich notfalls mit Gewalt verhindern, das Böse trägt immer den Keim der Selbstzerstörung in sich, indem es mindestens ein Unbehagen im Menschen zurückläßt. Gegen die Dummheit ist man wehrlos...

Dabei ist der Dumme im Unterschied zum Bösen restlos mit sich zufrieden...

Dietrich Bonhoeffer (1906–1945), deutscher Theologe.
In: Widerstand und Ergebung (KT 100), Chr. Kaiser / Gütersloher Verlagshaus, Gütersloh 1997[16], S. 14

Jak 2,20

Wenn ein Blinder und ein Sehender sich anfreunden, ist der Unterschied zwischen ihnen ein wenig wie der zwischen der Parabel von dem Händler, der, als er eine Perle von großem Wert entdeckte, alles verkaufte, was er besaß, um diese Perle kaufen zu können, und der Parabel von dem Bauern, der sein Feld pflügte und zufällig einen verborgenen Schatz fand. Der Sehende, der eine Vorstellung von der gesuchten Perle besitzt, unternimmt Schritte zur Vertiefung der Freundschaft. Der Blinde stolpert auf dem freien Feld plötzlich über einen Schatz. Ohne Vorahnung, ohne bereits geformte Vorstellungsbilder begegnet er jemandem, tritt in einen Dialog ein und hört eine überraschende neue Geschichte.

John M. Hull
In: Im Dunkeln sehen. Erfahrungen eines Blinden, C. H. Beck, München 1992

Ein Bruder besuchte einen Altvater und sprach: „Mein Vater, erweise mir die Liebe und gib mir eine gute Lehre, was ich in meiner Jugend sammeln soll, um es im Alter zu besitzen." Der Altvater antwortete ihm: „Entweder erstrebe Christus und denke nur an ihn, oder sammle Geld, damit du nicht zu betteln brauchst; es ist deine Sache, ob du Gott zum Herrn wählst oder den Mammon."

Weisung der Väter, S. 315

Mt 6,25–34

Die Erkenntnis Gottes ohne die Erkenntnis des eigenen Elends führt zum Hochmut. Die Erkenntnis des eigenen Elends ohne die Erkenntnis Gottes führt zur Verzweiflung. Die Erkenntnis Jesu Christi gibt die rechte Mitte, weil wir da Gott und unser Elend finden.

Blaise Pascal (1623–1662), französischer Philosoph

Wer Unkraut sät, drischt kein Getreide…

William Shakespeare (1564–1616), englischer Schriftsteller.
In: Verlorene Liebesmüh IV,3

Hos 8,7

Ein Mann sitzt im Bummelzug. Bei jeder Station steckt er den Kopf zum Fenster hinaus, liest den Ortsnamen und stöhnt. Nach vier oder fünf Stationen fragt ihn besorgt sein Gegenüber: „Tut Ihnen etwas weh? Sie stöhnen so entsetzlich.“ Da antwortete er: „Eigentlich müßte ich aussteigen. Ich fahre dauernd in die falsche Richtung. Aber hier ist es so schön warm drin.“

Aus: W. Hoffsümmer, Kurzgeschichten 2, S. 43

Hebr 2,1

10. Sonntag nach Trinitatis

Kein Mann ist so dumm, den Krieg herbeizuwünschen; denn im Frieden tragen die Söhne ihre Väter zu Grabe und im Krieg die Väter ihre Söhne.

Herodot (490–425/20), griechischer Geschichtsschreiber

Lk 14,31

Es gibt große Worte, die so leer sind, daß man darin ganze Völker gefangen halten kann.

Stanislaw Jerzy Lec (1909–1966), polnischer Lyriker und Aphoristiker.
In: Alle unfrisierten Gedanken. © 1982 Carl Hanser Verlag, München / Wien, S. 208

Jak 3,6

Jesus habe ich von Jugend auf als meinen großen Bruder empfunden … Mein eigenes brüderlich aufgeschlossenes Verhältnis zu ihm ist immer stärker und reiner geworden, und ich sehe ihn heute mit stärkerem und reinerem Blick als je. Gewisser als je ist es mir, daß ihm ein großer Platz in der Glaubensgeschichte Israels zukommt und daß dieser Platz durch keine der üblichen Kategorien umschrieben werden kann.

Martin Buber (1878–1965), jüdischer Religionsphilosoph
(nach Schalom Ben-Chorin)

Antwort des Leibarztes Friedrich des Großen auf dessen Frage:
„Nennen Sie mir einen Beweis Gottes in drei Worten!" – „Majestät, die Juden!"

Quelle unbekannnt

Der Kosnitzer sprach zu Gott: „Herr der Welt, ich bitte dich, du mögest Israel erlösen. Und willst du nicht, so erlöse die Gojim!"

Martin Buber (1878–1965), jüdischer Religionsphilosoph.
In: Die Erzählungen der Chassidim, Manesse Verlag, Zürich 1949

Ein Lügner muß ein gutes Gedächtnis haben.

Stanislaw Jerzy Lec (1909–1966), polnischer Lyriker und Aphoristiker.
In: Alle unfrisierten Gedanken. © 1982 Carl Hanser Verlag, München / Wien, S. 210

Eph 4,25

Henker treten meist in der Maske der Gerechtigkeit auf.

Stanislaw Jerzy Lec (1909–1966), polnischer Lyriker und Aphoristiker.
In: Alle unfrisierten Gedanken. © 1982 Carl Hanser Verlag, München / Wien

11. Sonntag nach Trinitatis

Es sind in Deutschland die Theologen,
die dem lieben Gott ein Ende machen.

Heinrich Heine (1797–1856), deutscher Schriftsteller

Jer 23,16–29

Alles ist richtig, auch das Gegenteil.
Nur: „Zwar…aber“ – das ist nie richtig.

Kurt Tucholsky (1890–1935), deutscher Schriftsteller.
Aus: Schnipsel

Mt 5,33–37

Für Plato ist die Liebe „göttlicher Wahnsinn“.

Ortega y Gasset (1883–1955), spanischer Philosoph

1.Kor 13

Schuld drückt schwerer als Schlaf die Augenlider nieder.

Sören Kierkegaard (1813–1855), dänischer Theologe, Philosoph
und Schriftsteller

Liebe ist das einzige, was wächst, wenn wir es verschwenden.

Ricarda Huch (1864–1947), deutsche Schriftstellerin

Mk 14,3–9

Wiederum sprach Abba Moses: „Wenn er nicht in seinem Herzen bewahrt, daß er ein Sünder ist, erhört ihn Gott nicht." Ein Bruder fragte ihn: „Was ist das: in seinem Herzen sich für einen Sünder halten?" Der Greis erklärte: „Wenn jemand seine Sünden trägt, dann schaut er nicht auf die des Nächsten."

Weisung der Väter, S. 182

Lk 6,36–42

Die große Schuld des Menschen sind nicht die Sünden, die er begeht – die Versuchung ist mächtig und seine Kraft gering –, die große Schuld des Menschen ist, daß er in jedem Augenblick die Umkehr tun kann und nicht tut.

Martin Buber (1878–1965), jüdischer Religionsphilosoph

Mt 18,1–3

Denn wenn du die Menschen verstehen willst,
darfst du nicht auf ihre Reden hören.

Antoine de Saint-Exupéry (1900–1944), französischer Schriftsteller.
In: Die Stadt in der Wüste. © 1956 Karl Rauch Verlag, Düsseldorf, Citadelle 147

1.Kor 14,11

12. Sonntag nach Trinitatis

Wann immer der Sasower (= Rabbi Mosche Löb) einen leiden sah, an der Seele oder am Leibe, nahm er daran mit solcher Inständigkeit teil, daß das Leid zu seinem eigenen wurde. Als ihm jemand einmal seine Verwunderung darüber aussprach, daß er immer so mitleiden könne, sagt er: „Wie denn, mitleiden? Das ist doch mein eigenes Leid, wie kann ich denn anders als es leiden?"

Martin Buber (1878–1965), jüdischer Religionsphilosoph.
In: Die Erzählungen der Chassidim, Manesse Verlag, Zürich 1949

1. Kor 12,26–27

Ein alter Rabbi fragte einst seine Schüler, wie man die Stunde bestimmt, in der die Nacht endet und der Tag beginnt. „Ist es, wenn man von weitem einen Hund von einem Schaf unterscheiden kann?" fragte einer der Schüler. „Nein", sagte der Rabbi. „Ist es, wenn man von weitem einen Dattel- von einem Feigenbaum unterscheiden kann?" fragte ein anderer. „Nein", sagt der Rabbi. „Aber wann ist es dann?" fragten die Schüler. „Es ist dann, wenn du in das Gesicht irgendeines Menschen blicken kannst und deine Schwester oder deinen Bruder siehst. Bis dahin ist die Nacht noch bei uns."

Dorothee Sölle (geboren 1929), Theologin.
In: Sympathie, S. 55

2. Kor 4,3–6

„In me despero, in Christo respiro“ – „an mir verzweifle ich, in Christus atme ich auf“, lautet die Inschrift unter dem Bild des Predigers in der Straßburger Peterskirche.

Röm 7,14–25a

Der Mensch soll um der Güte und Liebe willen dem Ende keine Herrschaft einräumen über seine Gedanken.

Thomas Mann (1875–1955), deutscher Schriftsteller.
In: Der Zauberberg, Kap. 6

Ps 90,12

Am Straßenrand, bedeckt mit Staub,
blüht eine Nessel, die ist taub.
Sie blüht bei Sonnenschein und Frost
mühselig, aber doch getrost.
Dereinst (am Tage des Gerichts)
(sie hört von den Posaunen nichts)
wird Gott ihr einen Boten schicken,
der wird die taube Nessel pflücken
und in den siebten Himmel bringen.
Dort hört auch sie die Engel singen.

Karl-Heinrich Waggerl (1897–1973), österreichischer Schriftsteller.
In: Heiteres Herbarium. © Otto Müller Verlag, Salzburg 1950

Meine Hände ... sind wie Wünschelruten.

Max Frisch (1911–1991), Schweizer Schriftsteller.
In: Tagebuch 1946–1971. © Suhrkamp Verlag, Frankfurt am Main 1972, S. 276

Ps 90,17

Der Mainzer Professor R. Bilz berichtet über folgendes Experiment: „Ratten können bis zu 80 Stunden im Wasser schwimmen. Wirft man eine Ratte aber in einen großen Wasserkessel, dessen glatte Wände es ihr rundum verwehren, aus dem Kessel herauszuklettern, dann ertrinkt sie nach ca. 15 Minuten. Der ungewöhnlich schnelle Tod der Ratte ist fast nicht anders zu interpretieren als damit, daß sie die Hoffnung auf Rettung verliert und sich daraufhin selbst aufgibt. Diese Interpretation wird durch eine weitere experimentelle Erfahrung gestützt. Wirft man nämlich die Ratte in den Wasserkessel und reicht man ihr, nachdem sie 10 Minuten verzweifelt umhergeschwommen ist, ein Holzstäbchen, über das sie entkommen kann, und wirft man sie dann erneut in denselben Wasserkessel, so schwimmt sie ihre rund 80 Stunden, bis sie vor Erschöpfung ertrinkt. Sobald sie mithin einmal erlebt hat, daß quasi aus heiterem Himmel Rettung in Form eines Holzstäbchens möglich ist, gibt sie bis zum Schluß die Hoffnung nicht auf und bewahrt sich deshalb am Leben, solange es geht."

Nach Elisabeth Lukas, Gesinnung und Gesundheit. Lebenskunst und Heilkunst in der Logotherapie, Herder Verlag, Freiburg 1995^2, S. 117

13. Sonntag nach Trinitatis

Der Umkreis ist im Punkt, im Samen liegt die Frucht,
Gott in der Welt: wie klug ist, der ihn drinne sucht.

Angelus Silesius

Joh 11,27

Der Christus lehrt: Deinen Nächsten
liebe wie dich selbst,
aber vergiß nie, daß er ein Anderer ist.

Antonio Machado (1875–1939).
In: Proverbios y Cantares XLII, S. 211.
Übersetzung: Heinz-Martin Krauß

3. Mose 19,1–3. 13–18

Um einen Menschen zu lieben, muß man ihn so lieben,
als würde er morgen sterben.

Aus dem Sudan

Joh 11,3

Drei Reporter hatten den „barmherzigen Samariter“ interviewt:

„Was haben Sie damals gedacht, als Sie dem Überfallenen so furchtlos halfen? – Dachten Sie: Man muß die nationalen Vorurteile überwinden?“ –

„Oder dachten Sie: Man muß etwas Liebe hereinbringen in diese lieblose Welt?“ –

„Oder dachten Sie: Man muß ein Zeichen aufrichten, ein Beispiel geben, daß der Mensch ohne Ansehen der Person endlich Bruder werde?“

Der Samariter: „Ich habe eigentlich nur gedacht: Hoffentlich rutscht er mir nicht vom Esel herunter!“

Quelle unbekannt

Arme Leute schenken gern.

Marie von Ebner-Eschenbach (1830–1916), österreichische Schriftstellerin.
In: Aphorismen

2.Kor 9,7

Ein Mönch sagte zu Nasrudin: „Ich bin innerlich so frei und losgelöst, daß ich nie an mich selbst denke, nur an andere.“

Nasrudin antwortete: „Ich bin so objektiv, daß ich mich betrachten kann, als wäre ich eine andere Person; daher kann ich es mir auch leisten, an mich selbst zu denken.“

Udo Tworuschka (Hg.), Himmel ist überall – Geschichten aus den Weltreligionen, Gütersloh, 1985

„Meine Mutter spielte früher ein Spiel mit mir, das hieß: ‚Aber um Gottes Willen, das bin ja ich!'

Es geschah alles eines Tages, als ich acht oder neun Jahre alt war. Ich erinnere mich nicht mehr genau daran, aber ich erinnere mich deutlich, daß Mutter und ich an einem sehr schönen Nachmittag die Straße entlanggingen.

Es geschah ganz plötzlich, daß ich mich vor Lachen ausschütteln wollte, und als Mutter mich fragte, was denn so komisch sei, zeigte ich auf eine sehr, sehr, sehr dicke Dame, die wie eine Ente gerade vor uns herwatschelte.

Jäh, wie vom Blitz getroffen, blieb Mutter stehen. Sie ließ meine Hand los. Sie lächelte nicht, und ihre ersten Worte, die ich nicht verstand, klangen unwillig. Dann beugte sie sich nieder, bis unsere Gesichter ganz nahe beieinander waren, und sagte: 'Aber um Gottes Willen, das bin ja ich! Kannst du das sagen, mein Kind?' Ich wiederholte es, aber ich begriff nicht, was es bedeutete. Da sagte Mutter: ‚Wir wollen ein Spiel daraus machen: Jedesmal wenn du jemand siehst, der zu dick oder zu dünn ist, schieläugig oder krummbeinig, launisch oder entstellt oder nicht hübsch, der nicht gut lernen kann oder irgendein Spiel nicht kann – so stelle dir vor, daß du in seiner Haut steckst oder er in deiner.'

Das gefiel mir. Und ich spielte das Spiel immer wieder und übte es von Jahr zu Jahr: ‚Aber um Gottes Willen, das bin ja ich!'"

Gloria Swanson.
In: W. Hoffsümmer, Kurzgeschichten 2, S. 90

14. Sonntag nach Trinitatis

Kinder müssen mit großen Leuten viel Nachsicht haben.

Antoine de Saint-Exupéry (1900–1944), französischer Schriftsteller.
In: Der Kleine Prinz. © 1956 Karl Rauch, Düsseldorf, S. 50

Mt 11,16–17

Die Gedankenlosigkeit hat mehr ehrliche Namen zugrunde gerichtet als die Bosheit.

Marie von Ebner-Eschenbach (1830–1916), österreichische Schriftstellerin

1. Thess 1,2–10

Im normalen Leben wird es einem oft gar nicht bewußt, daß der Mensch überhaupt unendlich mehr empfängt, als er gibt, und daß Dankbarkeit das Leben erst reich macht. Man überschätzt wohl leicht das eigene Wirken und Tun in seiner Wichtigkeit gegenüber dem, was man nur durch andere geworden ist.

Dietrich Bonhoeffer (1908–1945), evangelischer Theologe.
In: Widerstand und Ergebung (KT 100) Chr. Kaiser / Gütersloher Verlagshaus, Gütersloh 1997[16]

Was gäb es doch auf Erden
Wer hielt' den Jammer aus,
Wer möcht' geboren werden,
Hieltst Du nicht droben Haus!

Du bists, der, was wir bauen,
Mild über uns zerbricht,
Daß wir den Himmel schauen –
Darum so klage nicht.

Joseph von Eichendorff (1788–1857), deutscher Schriftsteller

Offb 21,1

Johann Friedrich Flattich (1713–1797), ein Pfarreroriginal aus Schwaben, war zu einem Mittagsmahl beim Herzog eingeladen. Weil kein Tischgebet gesprochen wurde, faltete er vor dem Essen die Hände, senkte das Haupt und sprach ein stilles Gebet. Ein Offizier, der ihm gegenüber an der Tafel saß und das beobachtet hatte, fragte ihn spöttisch: „Dankt bei Ihnen zu Hause alles?" – „Nein, meine Schweine danken nicht!"

Gott lud einmal alle Tugenden zu einem Gastmahl ein. Da saßen zwei nebeneinander, die sich in der Welt noch nie begegnet waren und deshalb erst miteinander bekannt gemacht werden mußten: Wohltätigkeit und Dankbarkeit.

Legende nach Iwan Sergejewitsch Turgenjew (1818–1883), russischer Schriftsteller

Jetzt kannst du kommen und mir helfen, mein Junge. Einmal, vor sehr langer Zeit, verstehst du, da lebte ein alter Mönch in einem orthodoxen Kloster, Painwe hieß er, der pflanzte auf einem Berg einen trockenen Baum, genau so. Und zu seinem Schüler, das war ein Mönch, der hieß Joann Kolow, sagte Painwe, er solle diesen Baum täglich wässern, bis er zum Leben erwachen würde. Gib mir mal ein paar von den Steinen da...

... und so füllte Joann jeden Morgen in aller Frühe einen Eimer mit Wasser und machte sich auf den Weg. Er stieg hinauf auf den Berg und wässerte den trockenen Baumstamm, und am Abend, als es schon dunkel war, da kehrte er zurück ins Kloster. Und so ging das drei ganze Jahre lang. Aber dann, eines schönen Tages, kam er auf den Berg und sah, daß sein ganzer Baum übersät war mit Blüten! Und man kann sagen, was man will, diese Methode, dieses System hat etwas Großartiges. Weißt du, manchmal, da sag ich mir, wenn man jeden Tag zu der gleichen Zeit ein und dieselbe Sache tun würde, wie ein Ritual, unerschütterlich, systematisch, jeden Tag ständig zu der gleichen Zeit, dann würde sich die Welt verändern. Etwas in ihr würde sich verändern, es könnte gar nicht anders sein.

Andrej Tarkowski, Film „Opfer“ (1985 / 86)

Apg 2,41a.42–47

Ich auch bin Gottes Sohn, ich sitz an seiner Hand:
Sein Geist, sein Fleisch und Blut, ist ihm an mir bekannt.

Angelus Silesius (I, 17)

1. Joh 4,7–12

15. Sonntag nach Trinitatis

Habt Ehrfurcht vor dem Baum, er ist ein einziges großes Wunder, und euren Vorfahren war er heilig. Die Feindschaft gegen den Baum ist ein Zeichen der Minderwertigkeit eines Volkes und von niederer Gesinnung des einzelnen.

Alexander von Humboldt (1769–1859), Naturforscher

5. Mose 20,19

Das Leben ist, statistisch gesehen, ein Zustand, der um einen geradezu astronomisch großen Faktor unwahrscheinlicher ist als das Unbelebte.

Hoimar von Ditfurth (1921–1989), Mediziner und Wissenschaftsjournalist.
In: Kinder des Weltalls

Ps 36,10

Ein Altvater sagt: „Wenn einer sagt: Verzeihe mir! und sich demütigt, dann verbrennt er gleichsam die Dämonen, die ihn versuchen."

Weisung der Väter, S. 362

Lk 17,5–6

Denkt ans fünfte Gebot:
Schlagt eure Zeit nicht tot!

Erich Kästner (1899–1974), deutscher Schriftsteller.
In: Mord und Totschlag

Jer 8,4–7

Die Deutsche Bundesbahn gab einmal ein Plakat heraus. Es zeigte einen Reisenden, dem ein Koffer ans Bein gebunden war. Damit sollte dafür geworben werden, Koffer auf Bahnreisen nicht persönlich mitzunehmen, sondern aufzugeben. Das garantiere Bequemlichkeit für die Reisenden und Sicherheit für das Gepäck.

Ps 68,20

Der Zufall ist die in Schleier gehüllte Notwendigkeit.

Marie von Ebner-Eschenbach (1830–1916), österreichische Schriftstellerin.
In: Aphorismen

Der Glaube, Senfkorns groß, versetzt den Berg ins Meer:
Denkt, was er könnte tun, wenn er ein Kürbis wär!

Angelus Silesius (I, 221)

Mt 17,20

Der Herausgeber einer Tageszeitung veröffentlichte den Brief eines reichen Landwirts, der allgemein als Spötter bekannt war. Dieser schrieb: „Geehrter Herr! Dieses Jahr habe ich einen interessanten Versuch unternommen. Im Frühjahr habe ich jeden Sonntag gesät, anstatt in die Kirche zu gehen. Während des Sommers habe ich jeden Sonntag auf dem Feld gearbeitet, und jetzt im Herbst habe ich jeden Sonntag geerntet und gepflügt. Und meine Ernte ist wesentlich besser und ergiebiger als die Erträge aller meiner Nachbarn, die nur wochentags gearbeitet haben, des Sonntags aber in der Kirche waren. Was sagen Sie nun dazu, mein lieber Herr?"

Der Herausgeber der Zeitung erlaubte sich folgende Randbemerkung: „Gott präsentiert seine Rechnung nicht immer im Oktober."

1. Mose 20,8–11

Warum soll ich mir Sorgen machen? Es ist nicht meine Angelegenheit, an mich zu denken. Meine Angelegenheit ist es, an Gott zu denken. Es ist Gottes Sache, an mich zu denken.

Simone Weil (1909–1943), französische Philosophin

Du weißt nicht, wie schwer die Last ist, die du nicht trägst.

Aus Afrika

Ps 68,20

Carpe diem … (Ergreife den Tag!)

Horaz (65–18), römischer Dichter.
In: Carmina 1.11.8 – Dort heißt es: „…greif diesen Tag, nimmer traue dem nächsten!“

2.Kor 6,2

16. Sonntag nach Trinitatis

Im Saal in der dunklen Ecke,
vom Besitzer vielleicht vergessen,
schweigend und mit Staub bedeckt,
sah man die alte Harfe.

Wieviele Noten schliefen in den Saiten,
wie der Vogel in den Ästen schläft,
die schneeweiße Hand erwartend,
die sie herausholen kann.

Ach, dachte ich, wie oft schläft das Wesen
ebenso auf dem Grunde der Seele
und wartet wie Lazarus auf eine Stimme,
die ihm sagt „steh auf und gehe!"

Gustavo Adolfo Bécquer, Rimas y leyendas, Historia de la Litaratura Espanola Bd.93, Ed.Orbis, Barcelona, Spanien.
Übersetzung: Heinz-Martin Krauß

Mk 2,1–12

Das Alter ist nicht trübe, weil darin unsere Freuden, sondern weil unsere Hoffnungen aufhören.

Jean Paul (1763–1825), deutscher Schriftsteller.
In: Titan, 2.Band

Klgl 3,18

Vertrauen ist für alle Unternehmungen das große Betriebskapital,
ohne welches kein nützliches Werk auskommen kann.

Albert Schweitzer (1875–1965), evangelischer Theologe, Musiker, Arzt.
In: Ausgewählte Kostbarkeiten, S. 58

2. Kor 1,9

Man kann das Leben nur rückwärts verstehen,
aber man muß es vorwärts leben.

Sören Kierkegaard (1813–1855), dänischer Theologe, Philosoph und Schriftsteller

Mt 4,4

Blind war einer, gelähmt der andre. Da lieh sich ein jeder von dem andern das Gut, das ihm sein Schicksal versagt. Hob doch der Blinde sich über die Schulter den Körper des Lahmen, schritt dann geradenwegs aus, wie der Gefährte ihn wies. Bitterer Zwang, der kein Wagnis verwirft, belehrte sie beide, sich zu ergänzen in dem, was noch dem einen gefehlt.

Philippos oder Isidoros von Bolbythia.
Aus: Funkelnd wie Blitze, so grell – Epigramme aus der Griechischen, Anthologie, Reclam-Verlag, Leipzig, 1991

Gal 5,2

Wie ist der Menschen Treiben mir zuwider!
Aus ihrem Frohsinn saug' ich lauter Schmerz.
Vergebens such' ich Trost durch meine Lieder,
denn ach! nicht trösten läßt sich dieses Herz.

Hoffmann von Fallersleben (1798–1874), deutscher Schriftsteller

Ps 4,2

„Wir sind noch einmal davongekommen"

So lautet der Titel eines Schauspiels, das der Amerikaner Thornton Wilder schrieb (Uraufführung 1942) und das in der Nachkriegszeit mit viel Erfolg aufgeführt wurde. Darin geht es um den ewigen Kampf der Menschheit mit ihren Widersachern wie Krieg, Korruption, Naturgewalten. Mr. Antrobus, der Hauptheld, besteht mit seiner Familie die Prüfungen durch Eiszeit, Sintflut und Bombenkrieg. Bei aller Untergangsstimmung ist die Tragödie nicht ohne Optimismus Daß der Mensch immer wieder Mittel findet – und finden soll, den Bedrohungen zu widerstehen …

17. Sonntag nach Trinitatis

Glauben heißt nämlich nicht, überzeugt sein, daß es im Himmel, wie sie sich ausdrücken, 'etwas gibt', sondern überzeugt sein, daß Gott auf Erden in uns und durch uns wirken kann. In diesem Sinne ist Glaube immer Glaube an ein Wunder: eine bekehrte Seele, ein verändertes Leben, eine überwundene Unmöglichkeit – und das alles wird hinterher so einfach, so wenig ungewöhnlich erscheinen... Aber erschien es nicht fast undenkbar, bevor es eintrat?

Henri Hatzfeld.
In: „Feuer und Wind", Tagebuch eines reformierten Dorfpfarrers in Frankreich

Mt 15,21–28

Abbas Paulos Kosmetes und Timotheos, sein Bruder, hatten ihren Sitz in der Sketis, und oft kam es unter ihnen zum Streit. Da sagte Abbas Paulos: „Wie lange bleiben wir so?" Abbas Timotheos antwortete: „Erweise mir die Liebe und ertrage mich, wenn ich dir lästig falle, und wenn du mir lästig fällst, will auch ich dich ertragen." Sie machten es so und hatten für die übrigen Lebenstage Ruhe.

Weisung der Väter, S. 259

Das wahre Problem der Menschheit liegt in den Herzen und Gedanken der Menschen. Es ist nicht ein physikalisches Problem. Es ist einfacher, die Zusammensetzung des Plutoniums zu ändern, als den boshaften, ichbezogenen Geist eines Menschen. Ich fürchte nicht so sehr die Explosivkraft der Bombe, vielmehr die Macht der Bosheit des menschlichen Herzens, seine Explosivkraft für das Böse.

Albert Einstein (1879–1955), Physiker

Amma Synkletika sprach: „Wie die giftspritzenden Tiere von noch schärferen Kräutern vertrieben werden, so vertreibt Gebet mit Fasten schlechte Gedanken."

Weisung der Väter, S. 291

Du sprichst, sagt das Weib, ich sei eine Hündin. Ich lasse es geschehen, will gerne ein Hund sein. – Gib den Kindern das Brot, setze sie zu Tische. Solches begehre ich nicht. Laß mich nur unter dem Tisch die Brosamen auflesen und gönne mir das, was die Kinder nicht mehr genießen und sonst umkommen würde. An diesem will ich mich genügen lassen.

Fängt also Christum mit seinen eigenen Worten.

Ja, was mehr ist: es gewinnt statt des erflehten Hunderechts das Kinderrecht! Denn wo will er hin, der liebe Jesus?

Er hat sich selbst gefangen – und muß geben Brot!

Martin Luther (1483–1546)

Die Freiheit des Menschen besteht darin, daß er die Entscheidung sucht, auch wenn sie gegen ihn fallen sollte.

Frank Thiess (1890–1977), deutscher Schriftsteller

Röm 8,21

Was die Philosophie beseitigen muß, ist die Gewißheit, sei es nun die des Wissens oder des Nichtwissens.

Bertrand Russell (1872–1970), englischer Mathematiker und Philosoph.
In: „Unpopuläre Betrachtungen"

Jubilate heißt jeder Tag,
Auf dem der Arbeit Segen lag.

Otto Julius Bierbaum (1865–1910), deutscher Schriftsteller.
In: „Mein ABC"

Lk 5,1–11

Das Problem ist heute nicht die Atomenergie, sondern das Herz des Menschen.

Albert Einstein (1879–1955), Physiker

18. Sonntag nach Trinitatis

Worüber ich mich immer wieder wundere, ist dies: Es gibt auf der Welt über dreißig Millionen Gesetze, um die zehn Gebote durchzuführen.

Albert Schweitzer (1875–1965) evangelischer Theologe, Musiker, Arzt

Die zehn Gebote Gottes sind deshalb so klar und verständlich, weil sie ohne Mitwirkung einer Sachverständigenkommission zustande gekommen sind.

Charles de Gaulle (1890–1970), französischer General und Politiker

Ist es nicht sonderbar, daß die Menschen so gern für die Religion fechten und so ungern nach ihren Vorschriften leben?

Georg Christoph Lichtenberg (1742–1799), deutscher Schriftsteller und Physiker

Im Lobe ist mehr Zudringlichkeit als im Tadel.

Friedrich Nietzsche (1844–1900), deutscher Philosoph.
In: Jenseits von Gut und Böse, 4. Hauptstück: Sprüche und Zwischenspiele, Nr. 170

Abbes Poimen sagte: „Ein Mensch, der lehrt, aber nicht tut, was er lehrt, gleicht einer Quelle: alles bewässert und reinigt sie, nur sich selbst vermag sie nicht zu reinigen."

Weisung der Väter, S. 216

Erst die „atheistische" Psychoanalyse hat in unseren Tagen die christliche Theologie daran erinnert, daß Selbstannahme noch keinen Egoismus bedeutet. Im Gegenteil, nur in dem Maße, in dem einer sich selbst angenommen hat, ist er auch fähig, andere anzunehmen.
Sich selbst annehmen heißt:

– ja zu sich sagen, obwohl man so ist, wie man ist und wie man selbst gar nicht sein möchte;

– morgens vor dem Spiegel sich nicht hassen, sondern lieben, trotz des unsympathischen Gesichtes, das einem da wieder entgegenschaut;

– sein Versagen eingestehen und dennoch nicht in lauter Schuldgefühlen ertrinken;

– seine Körpergestalt und seine Anlagen ertragen, und von dem Bild Abschied nehmen, das man von sich selbst entworfen hat;

– die Richtung und die Grenzen seiner Begabung erkennen und nichts Unmögliches von sich verlangen;

– in das Altern einstimmen und sich damit in den Auszug aus dem Kreis der Lebenden vorbereiten.

Heinz Zahrnt (geboren 1915), evangelischer Theologe und Schriftsteller.
In: Warum ich glaube. Piper Verlag, München 1977, S. 188

Der Nebel steigt, es fällt das Laub;
Schenk ein den Wein, den holden!
Wir wollen uns den grauen Tag
Vergolden, ja vergolden!

Und geht es draußen noch so toll,
Unchristlich oder christlich,
Ist doch die Welt, die schöne Welt,
So gänzlich unverwüstlich!

Und wimmert auch einmal das Herz –
Stoß an und laß es klingen!
Wir wissen's doch, ein rechtes Herz
Ist gar nicht umzubringen.

Der Nebel steigt, es fällt das Laub;
Schenk ein den Wein, den holden!
Wir wollen uns den grauen Tag
Vergolden, ja vergolden!

Wohl ist es Herbst; doch warte nur,
Doch warte nur ein Weilchen!
Der Frühling kommt, der Himmel lacht,
Es steht die Welt in Veilchen.

Die blauen Tage brechen an,
Und ehe sie verfließen,
Wir wollen sie, mein wackrer Freund,
Genießen, ja genießen!

Theodor Storm (1817–1888), deutscher Schriftsteller.
„Oktoberlied"

Spr 31,6

Um die Moral zu heben, muß man die Ansprüche senken.

Stanislaw Jerzy Lec (1909–1966), polnischer Lyriker, Aphoristiker.
In: Alle unfrisierten Gedanken.

Mt 5,38–48

Ein in Meditation erfahrener Mann wurde einmal gefragt, warum er trotz seiner vielen Beschäftigungen immer so gesammelt sein könne. Er sagte:
„Wenn ich stehe, dann stehe ich.
Wenn ich gehe, dann gehe ich.
Wenn ich sitze, dann sitze ich.
Wenn ich esse, dann esse ich.
Wenn ich spreche, dann spreche ich."
Da fielen ihm die Fragesteller ins Wort und sagten:
„Das tun wir doch auch."
Er aber sagte zu ihnen: „Nein,
wenn ihr sitzt, dann steht ihr schon;
wenn ihr steht, dann lauft ihr schon;
wenn ihr lauft, dann seid ihr schon am Ziel."

Quelle unbekannt

Gott. … Er ist die Kraft, die dir helfen kann, dich wirklich anzunehmen.

Max Frisch (1911–1991), Schweizer Schriftsteller.

Die Berichte erzählen…, daß er [Pascal, vor seinem Tod] „seinen Wagen und seine Pferde, seine Teppiche, seine schönen Möbel, sein Silber, ja sogar seine Bibliothek verkaufte, mit Ausnahme der Bibel, des heiligen Augustinus und ganz weniger anderer Bücher, und alles gelöste Geld den Armen gab".

Romano Guardini (1885–1968), deutscher Religionsphilosoph und Theologe.
In: Christliches Bewußtsein. Versuche über Pascal, S. 243f. Matthias-Grünewald-Verlag Mainz / Verlag Ferdinand Schöningh Paderborn [4]1991. © Katholische Akademie in Bayern

Mt 13,44–46

Alles, was du nicht verteilen willst, besitzt dich.

André Gide (1869–1951), französischer Schriftsteller

Rabbi Mosche Löb sprach: „Wie leicht ist es für einen armen Mann, sich auf Gott zu verlassen – worauf sonst könnte er sich verlassen? Und wie schwer ist es für einen reichen Mann, sich auf Gott zu verlassen – alle seine Güter rufen ihm zu: Verlaß dich auf mich."

Martin Buber (1878–1965), jüdischer Religionsphilosoph.
In: Die Erzählungen der Chassidim, Manesse Verlag, Zürich 1949

19. Sonntag nach Trinitatis

Krankheit ist Heimsuchung der Gnade. Aber ein Zusammenhang mit Schuld und Sünde dunkelt hindurch: sie liegen im Anfang, im Wesen, im Menschsein. Nur eine kranke Welt konnte der Herr betreten.

Reinhold Schneider (1903–1958), deutscher Schriftsteller.
In: Verhüllter Tag – Heimkehr

Jes 53,4

Krankheit ist ein Nebenprodukt.
Der Feind des Menschen sind nicht die Bazillen,
sondern der Mensch selbst, seine Eitelkeit,
seine Vorurteile, seine Dummheit, seine Arroganz.

Henry Miller (1891–1980), amerikanischer Schriftsteller

Ps 56,12

Du hast die halbe Wahrheit gesagt?
Sie werden sagen, daß du zweimal lügst,
wenn du die andere Hälfte sagst.

Antonio Machado, Antologia Poetica. Proverbios y Cantares XLIX, S. 212. Übersetzung: Heinz-Martin Krauß

Es ist leichter, einer Begierde ganz zu entsagen,
als an ihr maßzuhalten.

Friedrich Nietzsche (1844–1900), deutscher Philosoph

Jak 4,1–3

Ach, könnte nur dein Herz zu einer Krippe werden,
Gott würde noch einmal Kind auf dieser Erden.

Angelus Silesius (II, 53)

Phil 2,7

… eine Sitte, die es in China geben soll: einmal im Jahr kommt die ganze Sippe zusammen, setzt sich im Kreis, alle verstopfen sich die Ohren mit Lehm, dann sagen sie einander die Wahrheit, das heißt: sie sagen einander alle Erdenschande, verspotten, verfluchen, verhöhnen einander, bis sie keuchen, jeder gesteht seine Ehebrüche, seine Geschäfte, seine Listen, seine Süchte, seine Ängste, gesteht und schreit, bis er heiser ist – und dann, wenn keiner mehr kann, polken sie den Lehm aus den Ohren, lächeln, verbeugen sich zierlich, begleiten einander nach Hause, laden sich gegenseitig zum Tee und leben wieder ein Jahr lang zusammen, wie es sich gehört, friedlich, höflich und gesittet …

Max Frisch (1911–1991), Schweizer Schriftsteller.
In: Tagebuch 1946–1971. © Suhrkamp Verlag, Frankfurt am Main 1972, S. 325

Jes 42,18–21

Vom Wahrsagen läßt sich wohl leben,
aber nicht vom Wahrheit sagen.

Georg Christoph Lichtenberg (1742–1799), deutscher Schriftsteller und Physiker

Man erzählte über den Altvater Agathon: Drei Jahre trug er einen Stein im Munde, bis er zurechtkam mit dem Schweigen.

Weisung der Väter, S. 44

Jak 1,19–25

Altvater Ammonas sagte: „Vierzehn Jahre habe ich in der Sketis (Zentrum der Wüstenväter) verbracht und habe Tag und Nacht Gott gebeten, er möge mir die Gnade gewähren, den Zorn zu überwinden.“

Weisung der Väter, S. 48

1. Mose 4,1–16a

Mögen hätt ich schon wollen, aber dürfen hab ich mich nicht getraut!

Karl Valentin (1882–1942), Münchner Komiker.
In: Das Oktoberfest

20. Sonntag nach Trinitatis

Ordnung um der Ordnung willen beschneidet den Menschen seiner wesentlichen Kraft, der nämlich, die Welt und sich selber umzuformen. Das Leben schafft Ordnung, aber Ordnung bringt kein Leben hervor.

Antoine de Saint-Exupéry (1900–1944), französischer Schriftsteller.
In: Bekenntnisse einer Freundschaft. © 1955 Karl Rauch Verlag, Düsseldorf

Du kannst einen Menschen daran hindern, zu stehlen, aber nicht daran, ein Dieb zu sein.

Arthur Schnitzler (1862–1931), österreichischer Schriftsteller.
In: Buch der Sprüche und Bedenken. Darin: Kleine Sprüche 11

Mt 5,17–22

Ich kann nicht nein sagen, wo ich zu einem Menschen einmal ja gesagt habe, überzeugt von dem Bleiben der Substanz, die ich einmal wahrnahm.

Karl Jaspers (1883–1969), deutscher Philosoph.
In: Autobiographie, S. 105

Mt 5,37

In einem italienischen Fischerdorf gibt es auf einer Insel dieses ungeschriebene Gesetz: eine Frau, die des Ehebruchs überführt ist, wird von einem hohen schwarzen Felsen ins Meer zu Tode gestürzt.

Wieder einmal haben Männer des Dorfes eine Frau beim Ehebruch ertappt. Der beschuldigten Frau wird eine knappe Frist gewährt, in der sie ihren Mann ein letztes Mal sehen kann.

Aber der Mann ist nicht zuhause. Ja er kommt auch nicht bis zum Ablauf der Frist zurück. So wird das Urteil gesprochen – und erbarmungslos vollstreckt. Aber am anderen Tage sehen die Richter eben jene Frau unversehrt am Herd ihres Hauses hantieren. Ungläubiges Staunen packt die Dorfbewohner!

Da erzählt der Mann der Geretteten: „Ich habe um die Tat meiner Frau gewußt. Aber ich liebe sie! – Ich wollte sie zurückgewinnen. Deshalb mußte sie am Leben bleiben. Die halbe Nacht habe ich gearbeitet und dann auf sie gewartet. Tief unten über dem Meer habe ich mein Fischernetz ausgespannt. Das hat meine Frau gefangen!"

Atemlos lauschen die Dorfbewohner. – Unschlüssigkeit – Denn schließlich war das durchbrochene Gesetz des Dorfes außer Kraft gesetzt!

Aber am Ende konnte man nicht anders, als der Liebe dieses Fischermanns Raum geben.

Nach: Werner Bergengruen (1892–1964), deutscher Schriftsteller.
In: Das Netz, Zürich 1966

Die Ehe ist beliebt, weil sie ein Höchstmaß an Versuchung mit einem Höchstmaß an Gelegenheit verbindet.

George Bernhard Shaw (1856–1950), irischer Schriftsteller

Vieles Böse geschieht,
Aber dieses, daß Kinder
Immer von neuem die Augen aufschlagen zum Leben,
Eben umhüllt noch vom Urtraum im Leibe der Mutter,
Und schon umfangen vom Auge der Sorge und Liebe.
Weinend zuerst,
Doch dem Weinen gesellt sich ein Lächeln,
Staunen sodann und Ergreifen und endlich ein Rufen –
Vieles Böse geschieht,
Aber dieses, ihr Mütter,
Dieses ist gut.

Albrecht Goes (geboren 1908), deutscher Schriftsteller.
„Den Müttern". In: ders., Lichtschatten du. Gedichte aus fünfzig Jahren. © S. Fischer Verlag GmbH, Frankfurt am Main, 1978

Wer sich in einer Streitfrage auf die Autorität beruft, gebraucht nicht die Vernunft, sondern eher das Gedächtnis.

Leonardo da Vinci (1452–1519), italienisches Universalgenie.
In: Philosophische Tagebücher

Ein Urteil läßt sich widerlegen, aber niemals ein Vorurteil.

Marie von Ebner-Eschenbach (1830–1916), österreichische Schriftstellerin.
In: Aphorismen

Joh 8,3–11

Ich glaube von jedem Menschen das Schlechteste,
selbst von mir,
und ich habe mich selten getäuscht.

Johann Nepomuk Nestroy (1801–1862), österreichischer Schriftsteller

Mt 12,33–35.36–37

21. Sonntag nach Trinitatis

Die Bibel lehrt, unsere Feinde zu lieben
wie unsere Freunde,
vermutlich, weil es dieselben sind.

Vittorio de Sica (1902–1974), italienischer Regisseur

Du sollst keinen Menschen Freund oder Feind nennen, bevor du einen Scheffel Salz mit ihm gegessen hast.

Arabisches Sprichwort

Mt 5,13–16

Das Leben Mahatma Gandhis war gekennzeichnet durch seinen gewaltlosen Protest gegen alle Unterdrückung. Er wollte keine Waffe benutzen: „Niemanden verletzen!“, so hatte es der indische Lehrer 77 Jahre lang seit seiner Kindheit befolgt. – Dann trafen ihn mitten in der Hauptstadt Delhi die tödlichen Schüsse eines Fanatikers.

Aber noch im Sterben bewegte er den Kopf. Er will seinen Mörder sehen. Doch er schaut auf die vielen Menschen, die ihn umgeben. So zieht er sterbend die schon kraftlose Hand über seine Brust, über sein Gesicht und legt sie auf die Stirn: das Zeichen der Versöhnung.

Alle verstanden: Er segnet seinen Mörder.

Quelle unbekannt

Aus dem Korea-Krieg wurde folgende Begebenheit bekannt: Ein koreanischer Offizier schoß die beiden Söhne eines koreanischen Dorfpfarrers nieder, weil sie Christen waren. Später wurde dieser Offizier gefangengenommen und sollte wegen Unmenschlichkeit erschossen werden. Der Pfarrer bat flehentlich um das Leben des Mörders seiner eigenen Söhne. Er sagte: „Meine Söhne sind tot, nun soll *er* mein Sohn sein. Er soll in meinem Hause leben, und ich will für ihn sorgen, wie ich für meine Söhne sorgte."

Quelle unbekannt

Mt 5,38–48

Von einem alten chinesischen Kaiser wird berichtet, daß er das Land seiner Feinde erobern und sie alle vernichten wollte. Später sah man ihn mit seinen Feinden speisen und scherzen. „Wolltest du nicht die Feinde vernichten?" fragte man ihn. „Ich habe sie vernichtet", gab er zur Antwort, „denn ich machte sie zu meinen Freunden!"

Aus: W. Hoffsümmer, Kurzgeschichten 2, S. 99

Ein wahrer Feind verläßt dich nie.

Stanislaw Jerzy Lec (1909–1966), polnischer Lyriker, Aphoristiker.
In: Alle unfrisierten Gedanken. © 1982 Carl Hanser Verlag, München / Wien

Ps 3,2

Wie steht es eigentlich mit der Notwehr? Darf man dann, was man sonst nicht darf? Der andere will dich auslöschen, du kommst ihm aber zuvor und löschst ihn aus, „er oder ich“ – alles ganz klar. Klar unter der Voraussetzung, daß der Tod etwas ist, wogegen man sich mit allen Mitteln wehren muß. Und daß dem andern gebührt, was er mir selbst antun will. Und daß kein vernünftiger Mensch anders reagieren wird.

Nur die Bergpredigt sagt es anders. Also gibt es noch einen ganz anderen Weg. Vielleicht wäre er der vernünftigste, denn ihm ist im Himmel und auf Erden mehr verheißen. Auch die Russen oder Partisanen, die dich jetzt schnappen werden, haben es vielleicht nötig, daß endlich einmal einer nicht um sich schlägt, sondern sich opfert und lieber Schaden leidet als Schaden antut.

Helmut Gollwitzer (1908–1993), evangelischer Theologe.
In: Und führen, wohin du nicht willst (GTB 1125), Gütersloher Verlagshaus, Gütersloh 1994^{5}, S. 15

Joh 18,23

Der Sieger hat viele Freunde,
der Besiegte hat gute Freunde.

Sprichwort aus der Mongolei

Spr 14,20

Ehe man anfängt, seine Feinde zu lieben,
sollte man seine Freunde besser behandeln.

Mark Twain (1835–1910), amerikanischer Schriftsteller

22. Sonntag nach Trinitatis

Gute Vorsätze sind wie Schecks, die Menschen auf eine Bank ausstellen, bei der sie kein Konto haben.

Oscar Wilde (1854–1900), irischer Schriftsteller.
In: Das Bildnis des Dorian Gray

Was ich wollte, liegt zerschlagen,
Herr, ich lasse ja das Klagen,
Und das Herz ist still.
Nun aber gib auch Kraft, zu tragen,
Was ich nicht will.

Joseph von Eichendorff (1788–1857), deutscher Dichter

Ps 62,2

Der Aberglaub', in dem wir aufgewachsen,
Verliert, auch wenn wir ihn erkennen, darum
Doch seine Macht nicht über uns.

Gotthold Ephraim Lessing (1729–1781), deutscher Dichter.
In: Nathan der Weise IV,4

Mk 9,24

Die Hälfte des Werkes hat,
wer einmal angefangen hat …

Horaz (65–18), römischer Dichter.
In: Epistulae 1,2,40.

Man kann nicht immer, was man will; der ist mein Mann,
Der sich bescheidet das zu wollen, was er kann.

Friedrich Rückert (1788–1866), deutscher Schriftsteller.
In: Die Weisheit des Brahmanen. Darin: Fünfte Stufe. Leben

Wenn auch die Kräfte fehlen, so ist doch der Wille zu loben.

Ovid (43v.Chr.–17/18 n.Chr.), römischer Dichter.
In: Epistulae ex Ponto 3,4,79

Ps 51,14

Der Teufel wird „der Fürst, der in der Luft herrscht", genannt. Die Lungen ziehen ohne Schmerz verpestete Luft ein, und wir atmen eine Krankheit ein, ehe wir es fühlen, und sterben so an verdorbener Luft.

Milton / Spurgeon, Nr. 287

Röm 12,17–21

Es war einmal ein König. Er rief die Weisen seines Landes zusammen und ließ sie drei Fragen beantworten:

Welches ist der wichtigste Ort auf Erden?

Welches ist die wichtigste Tat in der Welt?

Welches ist der wichtigste Mensch auf der Welt?

Da kamen Gelehrte und Ungelehrte, um ihm Antwort zu bringen. – Den König befriedigte keine. Nun blieb ihm nur noch der Einsiedler im Walde. – Der teilte ihm schließlich mit: „Der wichtigste Ort ist immer der, an dem du dich gerade befindest!

Die wichtigste Tat ist die, die du im Augenblick zu tun vorhast!

Der wichtigste Mensch ist der, der dir gerade gegenüber steht und dich braucht!"

Mit dieser Antwort war der König zufrieden und richtete seine letzte Wegstrecke danach, weil er solche Lebenshaltung weise fand.

Altes russisches Märchen

Zwei Menschen sind in mir: der eine will, was Gott,
Der andre, was die Welt, der Teufel und der Tod.

Angelus Silesius (V, 120)

Jak 4,4

Es ist leichter, zum Mars vorzudringen als zu sich selbst.

Carl Gustav Jung (1875–1961), Schweizer Psychoanalytiker

23. Sonntag nach Trinitatis

Die Welt ist meine See, der Schiffmann Gottes Geist,
Das Schiff mein Leib, die Seel ist's, die nach Hause reist.

Angelus Silesius (II, 69)

Joh 16,33

...ich meine nicht den Glauben, der aus der Welt flieht, sondern der in der Welt aushält und die Erde trotz aller Not, die sie uns bringt, liebt und ihr treubleibt. Unsere Ehe soll ein Ja zu Gottes Erde sein, sie soll uns den Mut, auf der Erde etwas zu schaffen und zu wirken, stärken. Ich fürchte, daß die Christen, die nur mit einem Bein auf der Erde zu stehen wagen, auch nur mit einem Bein im Himmel stehen.

Dietrich Bonhoeffer (1906–1945), evangelischer Theologe.
In: Dietrich Bonhoeffer/Maria von Wedemeyer, Brautbriefe Zelle 92, Verlag C. H. Beck, München 1992

Ps 104,24

Die Sprache ist dem Menschen gegeben, um seine Gedanken zu verbergen.

Charles-Maurice de Talleyrand (1754–1838), französischer Politiker

Gefährlich ist's, den Leu zu wecken,
Verderblich ist des Tigers Zahn,
Jedoch der schrecklichste der Schrecken,
Das ist der Mensch in seinem Wahn.

Friedrich Schiller (1959–1805), deutscher Dichter.
In: Das Lied von der Glocke

Der Zanser Rabbi pflegte zu erzählen: In meiner Jugend, als mich die Gottesliebe entzündete, meinte ich, ich würde die ganze Welt zu Gott bekehren. Aber bald verstand ich, es würde genug sein, wenn ich die Leute meiner Stadt bekehrte, und ich mühte mich lang, doch wollte es mir nicht gelingen. Da merkte ich, daß ich mir noch immer zu viel vorgenommen hatte, und ich wandte mich meinen Hausgenossen zu. Es ist mir nicht geglückt, sie zu bekehren. Endlich ging es mir auf; mich selbst will ich recht schaffen, damit ich Gott in Wahrheit diene. Aber auch diese Bekehrung habe ich nocht nicht zustande gebracht.

Martin Buber (1878–1965), jüdischer Religionsphilosoph.
In: Die Erzählungen der Chassidim, Manesse Verlag, Zürich 1949

Geh mit der Zeit, aber komme von Zeit zu Zeit zurück.

Stanislaw Jerzy Lec (1909–1966), polnischer Lyriker und Aphoristiker
In: Alle unfrisierten Gedanken. © 1982 Carl Hanser Verlag, München / Wien

Ps 31,16

Kann schon sein, daß es Maler gibt, die die Sonne in einen gelben Punkt verwandeln. Aber es gibt auch andere, die einen gelben Punkt in die Sonne verwandeln.

Pablo Picasso (1881–1973), spanischer Maler

Ps 8,6

24. Sonntag nach Trinitatis

Die Ärzte kennen wohl die Kanäle, Winkel und Häuser des Körpers; aber wer darin wohnt, wissen sie nicht.

Paul von Moll

1. Sam 16,7

Die Zeit kommt aus der Zukunft, die nicht existiert,
in die Gegenwart, die keine Dauer hat, und geht
in die Vergangenheit, die aufgehört hat zu bestehen.

Augustin (354–430), lateinischer Kirchenlehrer

Man muß zugeben, daß es nicht möglich ist, in der Welt zu leben, ohne von Zeit zu Zeit Komödie zu spielen.

Nicolas Chamfort (1741–1794), französischer Schriftsteller. In: Produits de la Civilisation perfectionnée. Darin: Maximes et Pensées, Caractères et Anecdotes

Die Welt, obgleich sie wunderlich,
ist gut genug für dich und mich.

Wilhelm Busch (1832–1908), deutscher Maler, Zeichner und Dichter

Bald nach dem Tode Rabbi Mosches wurde einer seiner Schüler von Rabbi Mendel gefragt: „Was war für euren Lehrer das Wichtigste?“ Er besann sich, dann gab er die Antwort: „Womit er sich gerade abgab.“

Martin Buber (1878–1965), jüdischer Religionsphilosoph.
In: Die Erzählungen der Chassidim, Manesse Verlag, Zürich 1949

Hebr 3,13

Die Menschen haben keine Zeit mehr, irgend etwas kennenzulernen.
Sie kaufen sich alles fertig in den Geschäften.

Antoine de Saint-Exupéry (1900–1944), französicher Schriftsteller.
In: Der Kleine Prinz. © 1956 Karl Rauch Verlag, Düsseldorf

Drittletzter Sonntag des Kirchenjahres

Rehe grasen auf einer Waldlichtung. Deutlich heben sich ihre braunen Körper vom Grün der Büsche und Bäume ab: ein schönes Bild, ein Bild des Friedens. Auf einmal hebt eins der Tiere den Kopf, es scheint etwas zu wittern. Auch die anderen Rehe erstarren in ihren Bewegungen, sind aufmerksam geworden. Eine Gefahr, Menschen oder Tiere? Entweder laufen die Tiere nun weg – oder sie setzen ihre Nahrungssuche fort.

Willst du das Leben recht verstehn,
Mußt du's nicht nur von vorn besehn.
Von vorn betrachtet, sieht ein Haus
Meist besser als von hinten aus.

Wilhelm Busch (1832–1908), deutscher Maler, Zeichner und Dichter

Eph 5,10

Ich selbst bin Ewigkeit, wenn ich die Zeit verlasse,
Und mich in Gott und Gott in mich zusammenfasse.

Angelus Silesius (I,13)

2.Kor 5,17

Fest steht jedem sein Tag, kurz und unwiederbringlich ist für alle die Zeit des Lebens: Doch Ruhm ausstrahlen durch Tatkraft, das ist des Mannes Werk.

Vergil (70–19 v.Chr.), römischer Dichter.
In: Aeneis 10, 467 f.

Grabschrift

„Mein bist du“
Spricht der Tod
Und will groß Meister sein.
Umsonst –
Mir hat mein Herr
Versprochen: Du bist mein.

Albrecht Goes (geboren 1908), deutscher Schriftsteller.
In: ders., Lichtschatten du. Gedichte aus fünfzig Jahren.

Jes 43,1

Wir haben es uns gut hier eingerichtet.
Der Tisch, das Bett, die Stühle stehn.
Der Schrank mit guten Dingen vollgeschichtet.
Wir sitzen, alles zu besehn.
Dann legen wir uns ruhig nieder
und löschen, müd vom Tag, das Licht
und beten laut: Herr, komm bald wieder!
Und denken leise: Jetzt noch nicht!

Manfred Siebald, nach MC-Text „Gib mir die richtigen Worte“, Asslar, 1987

Das Himmelreich wird leicht erobert und sein Leben.
Belagre Gott mit Lieb: er muß dir's übergeben.

Angelus Silesius

Das Leben muß man das ganze Leben lang lernen, und was dich vielleicht noch mehr erstaunen mag: Das ganze Leben lang muß man sterben lernen.

Seneca, Lucius Annaeus (4 v. Chr. – 65 n. Chr.), römischer Philosoph

Vorletzter Sonntag des Kirchenjahres

In der Natur gibt es weder Belohnungen noch Strafen. Es gibt nur Folgen.

Robert Green Ingersoll (1833–1899)

Die Uhr schlägt. Alle.

Stanislaw Jerzy Lec (1909–1966), polnischer Lyriker und Aphoristiker.
In: Alle unfrisierten Gedanken. © 1982 Carl Hanser Verlag, München / Wien

Hiob 7,7

Unsere Zeit ist eine Zeit religiösen Verfalls. Die permanente Vitalität des Religiösen ist verlorengegangen, die Volksmasse ist entweder abergläubisch oder religiös gleichgültig geworden. Politische Führer sind Heuchler; die Jugend steht in einem offenen Konflikt mit der Autorität der Vergangenheit, man experimentiert mit orientalischen Religionen und Meditationstechniken. Der größte Teil der Menschen ist vom Verfall der Zeiten angegriffen.

Tacitus (55–116), römischer Geschichtsschreiber

Ich befahl, mein Pferd aus dem Stall zu holen. Der Diener verstand mich nicht. Ich ging selbst in den Stall, sattelte mein Pferd und bestieg es. In der Ferne hörte ich eine Trompete blasen, ich fragte ihn, was das bedeutete. Er wußte nichts und hatte nichts gehört. Beim Tore hielt er mich auf und fragte: „Wohin reitet der, Herr?“ „Ich weiß es nicht“, sagte ich, „nur weg von hier, nur weg von hier. Immerfort weg von hier, nur so kann ich mein Ziel erreichen.“ „Du kennst also dein Ziel“ fragte er. „Ja“, antwortete ich, „ich sagte es doch. Weg von hier – das ist mein Ziel.“

Franz Kafka (1883–1924), deutscher Schriftsteller.
„Der Aufbruch“. In: Beschreibung eines Kampfes, hg. v. Max Brod, Fischer Taschenbuch Verlag, FiTB 2066, Frankfurt am Main 1980, S. 86

Die Welt ist voller Gottes! In allen Gassen, vor Deiner Tür, findest Du Christus! Gaff nicht in den Himmel und sprich: Ei, sollte ich unseren Herrgott einmal sehen, wie sollte ich ihm allen möglichen Dienst erweisen. – Wenn Du mir dienen willst, sollst Du mich nicht unter den Engeln suchen. Ich werde zu Dir ins Haus kommen, Du sollst mich hungrig und durstig sehen, tu nur die Augen auf! Wenn Du mich lieben willst, liebe den Nächsten ...

Er ist vom Himmel herabgestiegen. Wir haben ihn allezeit zu Gast!

Martin Luther (1483–1546)

Was du auch tust, tu es klug und bedenke das Ende!

Gesta romanorum 103.

Diese Wendung findet sich in ähnlicher Form und damit als mögliche Quelle sowohl bei Herodot, wo Solon Kroisos, den König der Lyder, mit den Worten „Auf das Ende einer jeden Sache muß man schaun, wie sie einmal ausgehen wird" (Histories apodexis 1.32,9) ermahnt. Ebenso im Alten Testament bei Sir 7,40 (vgl. „Was du auch tust, so bedenke dein Ende …") und auch in Aesops Fabel vom Fuchs und dem Bock (Nr. 45). Auch von Georg Rollenhagen in seinem Froschmeuseler zitiert: „Was du thun wilt / thue mit bedacht / Vnd den Außgang zuvor betracht" (Das ander Buch. Das Dritte Theil, Kap. 2).
In: Reclams Zitaten-Lexikon, S. 358.

Wahrhaft ethisch ist der Mensch nur, wenn er der Nötigung gehorcht, allem Leben, dem er beistehen kann, zu helfen, und sich scheut, irgend etwas Lebendigem Schaden zu tun. Er fragt nicht, inwiefern dieses oder jenes Leben als wertvoll Anteilnahme verdient, und auch nicht, ob und inwieweit es noch empfindungsfähig ist. Das Leben als solches ist ihm heilig. Er reißt kein Blatt vom Baum ab, bricht keine Blume und hat acht, daß er kein Insekt zertritt. Wenn er im Sommer nachts bei der Lampe arbeitet, hält er lieber das Fenster geschlossen und atmet dumpfe Luft, als daß er Insekt um Insekt mit versengten Flügeln auf seinen Tisch fallen sieht.

Albert Schweitzer (1875–1965), evangelischer Theologe, Musiker, Arzt.
In: Ausgewählte Kostbarkeiten, S. 29f.

Röm 8,22

Böcke, zur Linken mit euch!
so ordnet künftig der Richter,
Und ihr Schäfchen,
ihr sollt ruhig zur Rechten mir stehn!
Wohl!
Doch eines ist noch von ihm zu hoffen;
dann sagt er:
Seid, Vernünftige, mir grad' gegenüber gestellt!

Johann Wolfgang von Goethe (1749–1832), deutscher Dichter.
In: Venezianisches Epigramm, 1790 veröffentlicht

Nichts ist schwieriger als Loben.

Max Frisch (1911–1991), Schweizer Schriftsteller.
In: Tagebuch 1946–1971. © Suhrkamp Verlag, Frankfurt am Main 1972 (Abschnitt „1949“)

Wenn Sie einem Menschen bloß die Taten glauben, die er wirklich getan hat, mein lieber Doktor, dann werden Sie ihn niemals kennenlernen. … Als ob tausend Bilder, die einer fürchtet oder hofft, und all die Taten, die ungeschehen bleiben in unserem Leben, nicht auch zur Wahrheit unseres Lebens gehören.

Max Frisch (1911–1991), Schweizer Schriftsteller.
In: Tagebuch 1946–1971. © Suhrkamp Verlag, Frankfurt am Main 1972, S. 448

Röm 8,27

Buß- und Bettag

Die heißesten Plätze in der Hölle sind für jene reserviert, die auf Erden zu allem zustimmend genickt haben.

Robert Kennedy (1925–1968), US-Politiker

Bevor du dich daran machst, die Welt zu verändern, gehe dreimal durch dein eigenes Haus.

Aus China

Das Unglück ist, daß jeder denkt, der andere sei wie er, und dabei übersieht, daß es auch anständige Menschen gibt.

Heinrich Zille (1858–1929), Zeichner

Jak 4,12

Viele Gedenkminuten hätten durch „Denkminuten" verhindert werden können.

Auf einem Kalenderblatt

Pred 12,1

Es ist dem Menschen angeboren, daß er in dem Unglück, das einen anderen trifft, ein möglichst hohes Maß von Selbstverschuldung, im eigenen aber nichts als Verhängnis zu finden trachtet.

Arthur Schnitzler (1862–1931), österreichischer Schriftsteller

Am 3,6

Wer sich vornimmt, Gutes zu wirken, darf nicht erwarten, daß die Menschen ihm deswegen Steine aus dem Weg räumen, sondern muß auf das Schicksalhafte gefaßt sein, daß sie ihm welche daraufrollen.

Albert Schweitzer (1875–1965), evangelischer Theologe, Musiker, Arzt

Gal 6,9

Abbas Poimen sprach: „Fliehe einen Menschen, der nicht reden kann, ohne unaufhörlich zu streiten."

Weisung der Väter, S. 323

Wenn wir es recht überdenken, so stecken wir doch alle nackt in unseren Kleidern…

Heinrich Heine (1797–1856), deutscher Dichter.
In: Die Reisebilder. 2. Teil. Die Nordsee

1.Mose 3,1–19

Ein alter Mann säte Apfelkerne. Leute, die es sahen, lachten. Sie fragten: „Warum säst du die Kerne?" „Ich möchte, daß hier Apfelbäume wachsen, die köstliche Früchte tragen", antwortete der alte Mann. Die Leute lachten und sagten: „Es werden viele Jahre vergehen, bis aus deinen Kernen Bäume geworden sind. Du selbst wirst von den Bäumen keine Äpfel mehr ernten und essen können." „Das weiß ich", sagte der alte Mann. „Aber wenn nach vielen Jahren andere die Äpfel von diesen Bäumen ernten, werden sie mir dankbar sein."

Leo Tolstoi (1828–1910), russischer Dichter

In jedem Ehepakt müßte es heißen: Die vertragschließenden Teile verpflichten sich gegenseitig, auf das letzte Wort zu verzichten.

Hans Habe (1911–1977), Publizist und Schriftsteller.
In: Biographie, S. 345

Rabbi Bunam sprach zu seinen Chassidim: Die große Schuld des Menschen sind nicht die Sünden, die er begeht – die Versuchung ist mächtig und seine Kraft gering! Die große Schuld des Menschen ist, daß er in jedem Augenblick die Umkehr tun kann und nicht tut.

Martin Buber (1878–1965), jüdischer Religionsphilosoph.
In: Die Erzählungen der Chassidim, Manesse Verlag, Zürich 1949

Mk 1,15

Es sind tote Fische, welche den Strom hinuntergetrieben werden.

Milton / Spurgeon, Nr. 3

Schickungen sind nie ungeschickt.

Albrecht Goes (geboren 1908), Pfarrer und Schriftsteller

2. Sam 17, 14

Viel Ungeheures ist, doch nichts so Ungeheures wie der Mensch.

Sophokles (496–406 v.Chr.), griechischer Tragiker.
In: Antigone 332

Letzter Sonntag des Kirchenjahres

Unsere Jugend ist heruntergekommen und zuchtlos.
Die jungen Leute hören nicht mehr auf ihre Eltern.
Das Ende der Welt ist nahe.

Keilschrifttext aus Ur in Chaldäa um 2000 v. Chr.

Joel 3,1

Es kommt das Leid,
Es geht die Freud;
Es kommt die Freud,
Da geht das Leid –
Die Tage sind nimmer dieselben.

Theodor Storm (1817–1888), deutscher Dichter

Spr 14,13

Bahnhofsvierzeiler

Jeden Abend stand er an der Sperre,
ein armer, alter, gebeugter Mann.
Er hoffte, daß einmal Gott ankäme!
Es kamen immer nur Menschen an.

Erich Kästner (1899–1974), deutscher Schriftsteller.
Aus: Gesammelte Schriften für Erwachsene, Atrium Verlag, Zürich 1969.

Der Tod ist groß.
Wir sind die Seinen
lachenden Munds.
Wenn wir uns mitten im Leben meinen,
wagt er zu weinen
mitten in uns.

Rainer Maria Rilke (1875–1926), deutscher Dichter.
„Schlußstücke“. In: Werke, Bd. 1, Insel Verlag, Frankfurt am Main 1980

Offb 21,4

In einer jüdischen Geschichte wird von einem Rabbi erzählt, der im 19. Jahrhundert in Polen lebte. Ein Besucher kam zu ihm und wollte einen Rat. Der Mann war verwundert, als er sah, wie der Rabbi lebte: in einem winzigen Zimmer, in dem nur eine Bank, ein Tisch und ein Stuhl standen, dazu allerdings viele Bücher. „Rabbi, wo hast du deine Möbel und den anderen Hausrat?“ – „Und wo hast du deine?“ lautete die Gegenfrage. „Meine? Ich bin doch nur zu Besuch bei dir. Ich bin nur auf der Durchreise!“ – „Ich auch“, sagte der Rabbi.

Hebr 13,12–14

Mit der Freude zieht der Schmerz
traulich durch die Zeiten.

Johann Peter Hebel (1760–1826), deutscher Dichter.
In: Neujahrslied

Ps 126,5

Ausreden und Entschuldigungen für das Nichts-Tun

Weil das alles nichts hilft – sie tun ja doch, was sie
wollen!
Weil ich mir nicht noch einmal die Finger verbrennen
will!
Weil man nur lachen wird: Auf dich haben wir gerade
gewartet!
Und warum immer ich? – Keiner wird es mir danken!
Weil jedes Schlechte vielleicht sein Gutes hat!
Weil auch bei anderen nur mit Wasser gekocht wird!
Weil ich das lieber Berufereren überlasse!
Weil man nie weiß, wie einem das schaden kann!
Weil sich die Mühe nicht lohnt!
Weil sie das alles gar nicht wert sind!

Das sind die Todesursachen – zu schreiben auf unsere Gräber – die nicht mehr gegraben werden – wenn das die Ursachen sind!

Nach Erich Fried (1921–1988), deutscher Dichter

Alle Menschen sind klug;
die einen vorher, die anderen nachher.

Aus China

Zeit ist wie Ewigkeit und Ewigkeit wie Zeit,
so du nur selber nicht machst einen Unterscheid.

Angelus Silesius (I,47)

Hebr 1,12

Als der bekannte Sozialdemokrat und Freidenker August Bebel starb, da sagte der mit ihm sehr befreundete Pastor Blumhardt, der Jüngere: „August, jetzt wirst du Augen machen!“

Christoph Friedrich Blumhardt, d.J. (1842–1919), evangelischer Theologe

Erntedanktag

Die Schöpfung ist ein Buch: wer's weislich lesen kann,
dem wird darin gar fein der Schöpfer kundgetan.

Angelus Silesius

Röm 1,20

Der Reichtum gleicht dem Seewasser.
Je mehr man davon trinkt, desto durstiger wird man.

Arthur Schopenhauer (1788–1860), deutscher Philosoph

Ps 62,11

Wer Dornen sät,
darf sein Zelt nicht barfuß verlassen.

Marokkanisches Sprichwort

Hosea 8,7

Jeder ist sich selbst der Nächste.

Publius Terentius (190–159), römischer Komödiendichter. In: Andria 4,1.12 – Dort heißt es: „… proximus sum egomet mihi." (also eigentlich: „Ich bin mir selbst der Nächste.")

Niemals

Wonach du sehnlich ausgeschaut,
Es wurde dir beschieden.
Du triumphierst und jubelst laut:
„Jetzt hab' ich endlich Frieden!"

Ach, Freundchen, rede nicht so wild.
Bezähme deine Zunge.
Ein jeder Wunsch, wenn er erfüllt,
Kriegt augenblicklich Junge.

Wilhelm Busch (1832–1908), deutscher Maler, Zeichner und Dichter

Ps 21,3

Wer glaubt, seine Wünsche durch Besitz zu befriedigen, will Feuer mit Stroh löschen.

Aus China

Ps 37,4

Der Altvater Makarios, der Große, sprach zu den Brüdern, als er den Gottesdienst verließ: „Flieht, Brüder!" Und einer von den Alten sagte zu ihm: „Wohin sollen wir denn in dieser Wüste noch hinfliehen?" Makarios legte ihm den Finger auf den Mund und sagte: „Das fliehet!" Und er betrat sein Kellion, schloß die Tür und setzte sich nieder.

Weisung der Väter, S. 167f.

Halt doch endlich deine Schnauze – oder wie der Psalmist sagt:
Meine Seele ist stille zu Gott!

Gottfried Benn (1886–1956), deutscher Dichter

Ps 62,2.6

Doppelt gibt, wer gleich gibt.

Nach Publilius Syrus (1.Jh.v.Chr.), lateinischer Mimendichter. In: Sententiae I 6. – Dort heißt es: „Dem Bedürftigen gibt der doppelt seine Unterstützung, der sie schnell gibt.

Mt 6,1–4

Tag der Geburt Johannes des Täufers – 24. Juni

Wo ein Begeisterter steht,
ist der Gipfel der Welt.

Joseph von Eichendorff (1788–1857), deutscher Dichter

Jeder Mensch ist etwas Persönliches
und Einmaliges, und an Stelle des
persönlichen Gewissens ein kollektives
setzen zu wollen, das heißt schon
Vergewaltigung und ist der erste Schritt
zu allem Totalitären.

Hermann Hesse (1877–1962), deutscher Dichter.
In: Die Gedichte.

Der Vorstand eines Koinobions (gemeinsames Leben im Klosterverband) fragte den Abbas Poimen: „Wie kann ich die Gottesfurcht erlangen?“ Abbas Poimen sagte zu ihm: „Wie können wir die Furcht Gottes gewinnen, wenn wir den Bauch mit Käse füllen und die Krüge mit Pökelfleisch?“

Weisung der Väter, S. 247

Nun stehn wir wieder an der Wende.
Das Licht hat seinen Lauf vollbracht.
Die Sonne neigt sich hin zum Ende,
zu Tal und Tod und Herbst und Nacht.

Und am Gestirne schaun wir's wieder:
Hier ist des Bleibens keine Statt!
Wir steigen auf und sinken wieder,
Sind heute jung und morgen matt.

Nur Einer wandert durch die Zeiten,
und Er bleibt immer, der Er ist:
das Licht der Welt von Ewigkeiten,
kommt her von Gott, heißt JESUS CHRIST!

Wir nehmen ab und müssen fallen,
doch Er muß wachsen, immerzu,
und wo Er wächst, bringt Er in allen
ihr Herz, ihr fragend Herz zur Ruh.

Der dunklen Schwermut tiefes Bangen
löst er mit seines Glanzes Macht:
Wir sind vom Licht, von Gott umfangen
in Tal und Tod, in Not und Nacht.

Arno Poetzsch (1900–1956), Pfarrer.

Die bittersten Worte, die Menschen einander sagen, wirken selten so entzweiend wie die unausgesprochenen, die der eine vom anderen vergeblich erwartet.

Hans Carossa (1878–1956), deutscher Schriftsteller

Spr 16,24

Die Welt hat nur durch das Extreme Wert und nur durch das Mittelmaß Bestand.

Paul Valéry (1871–1945), französischer Dichter

Kol 4,6

Ein Heiliger ist einer, der durch seine Person die Menschen davon überzeugt, daß Gott lebt.

Nathan Söderblom (1866–1931) schwedischer Theologe

Tag des Erzengels Michael und aller Engel – 29. September

Daß wir werden wie die Kinder, ist eine unerfüllbare Forderung. Aber, wir können zu verhüten suchen, daß die Kinder werden wie wir.

Erich Kästner (1899–1974), deutscher Schriftsteller

Mt 18,1–6.10

Hüte dich vor einer Kirche, in der es Regel wird, daß die Großen dieser Welt auch ohne weiteres in den Synoden und Kirchenregierungen die Großen sind.

Hans Asmussen (1898–1968), evangelischer Theologe.
In: Christenlehre

Mt 5,19

Der Schutzengel: die Sympathie, wir brauchen ihn immerzu. Wir haben ihn als Kind, sonst wären wir längst überfahren, wir wachsen damit auf, wir verlassen uns auf ihn…

Max Frisch (1911–1991), Schweizer Schriftsteller.
In: Tagebuch 1946–1971. © Suhrkamp Verlag, Frankfurt am Main 1972, S. 319

Mk 1,13

Ein neues Lied, ein besseres Lied,
O Freunde, will ich euch dichten!
Wir wollen hier auf Erden schon
Das Himmelreich errichten.

Heinrich Heine (1797–1856), deutscher Dichter.
In: Ein Wintermärchen. Caput I

Buch des Lebens

Haß, als minus und vergebens,
Wird vom Leben abgeschrieben.
Positiv im Buch des Lebens
Steht verzeichnet nur das Lieben.
Ob ein Minus oder Plus
Uns verblieben, zeigt der Schluß.

Wilhelm Busch (1832–1908), deutscher Maler, Zeichner, Dichter

Ich ließ meinen Engel lange nicht los,
und er verarmte mir in den Armen
und wurde klein, und ich wurde groß:
und auf einmal war ich das Erbarmen,
und er eine zitternde Bitte bloß.

Da hab ich ihm seine Himmel gegeben, –
und er ließ mir das Nahe, daraus er entschwand;
er erlernte das Schweben, ich lernte das Leben,
und wir haben langsam einander erkannt.

Rainer Maria Rilke (1875–1926); deutscher Dichter.
Aus: „Engellieder". In: Die Gedichte, Insel Verlag, Frankfurt am Main 1995[7], S. 150

Der Engel in dir
freut sich über dein
Licht
weint über deine Finsternis

Aus seinen Flügeln rauschen
Liebesworte
Gedichte Liebkosungen

Er bewacht
deinen Weg

Lenk deinen Schritt
engelwärts

Rose Ausländer (1901–1988), deutsche Dichterin.
„Der Engel in dir“. In: dies., Ich höre das Herz des Oleanders. Gedichte 1977–1979. © S. Fischer Verlag GmbH, Frankfurt am Main, 1984

Gedenktag der Reformation – 31. Oktober

Man will nicht nur glücklich sein,
sondern glücklicher als die anderen.
Und das ist deshalb so schwer,
weil wir die anderen für glücklicher halten,
als sie sind.

Charles de Montesquieu (1689–1755), französischer Staatsmann

Ps 73,12

Spatzen in Gottes Hand

„Ich arbeite und hör nur mit halbem Ohr ein leises Klopfen am Fenster, immer wieder. Schließlich schaue ich auf: Zwei Spatzen sitzen davor und picken aufs Glas. Nicht aufs Holz, wo vielleicht etwas Eßbares sein könnte, sondern aufs blanke Glas. Was wollen sie? Wer schickt sie? Wessen Botschaft und welche bringen sie mir? Vermutlich ihre eigene, die da heißt: He du, wir sind Spatzen. Hast du dich mit Spatzen schon mal befaßt? Begreifst du das Spätzische an uns? Stell dir vor, keiner von uns fällt vom Dach, ohne daß das Universum Kenntnis davon nimmt, so steht's im Evangelium: so wertvoll sind wir, das sollst du wissen!"

Luise Rinser (geboren 1911), deutsche Schriftstellerin.
In: Kriegsspielzeug. Tagebuch 1972 bis 1978.

Jeder Mensch, auch der geringste, ist so in Gottes Hand, als wäre er Gottes einzige Sorge.

Odo Casel (1886–1948), deutscher Theologe

1.Petr 5,7

An Christus glauben, ist die Kunst, daß wir aus dem Haus in die Sonne gehen. Die Sonne läßt er scheinen, aber aus dem Haus gehen, das mußt du schon selber tun!

Martin Luther (1483–1545)

„Alles geht nach der Uhr", sagte Frau Ureburegurli. „Um ein Uhr haben die Kinder gegessen, bis zwei Uhr arbeiten sie an den Schulaufgaben, bis fünf Uhr dürfen sie spielen, um halb sechs essen sie Abendbrot, danach lernt die Großmutter noch mit den Kindern, und von abends sieben bis morgens sieben schlafen sie. Um acht Uhr gehen sie zur Schule, und um zwölf Uhr dreißig sind sie wieder zu Hause." „Ich bin gespannt", sagte Frau Lustibustigiero, die Nachbarin, „wie lange es dauert, bis ihre Kinder nur noch 'tik tak' sagen."

Irmela Wendt, aus: Hans-Joachim Gelberg (Hg.), Geh und spiel mit dem Riesen, 1971 Beltz Verlag, Weinheim und Basel, Programm Beltz & Gelberg, Weinheim

1. Petr 2,13

Bei der Betrachtung einer Sammlung alter Fundstücke wurde ich aufmerksam auf ein Kreuz mit einer daran befestigten Buddha-Figur. Der Sammler hatte dieses Kreuz aus Flacheisen in Japan entdeckt, wo er beruflich tätig war. Auf mein Erstaunen erklärte er mir die Bedeutung dieses seltsamen Stückes:

Während der Christenverfolgung haben Christen solche Kreuze unter Putz gelegt, so daß nur noch die Buddha-Figur sichtbar blieb. Vor dem unsichtbaren Kreuz in der Wand haben sie – ohne belangt zu werden – Christus verehrt.

Nach Wilhelm Fröhlich

Wenn die Propheten einbrächen
durch die Türen der Nacht
mit ihren Worten Wunden reißend
in die Felder der Gewohnheit...
Wenn die Propheten aufständen
in der Nacht der Menschheit
wie Liebende, die das Herz des Geliebten suchen
Nacht der Menschheit –
Würdest Du ein Herz zu vergeben haben?

Nelly Sachs (1891–1970), Lyrikerin.
In: Fahrt ins Staublose. Gedichte.

Das Glück ist ein Mosaik aus winzig kleinen Freuden.

Monrois

Ps 16,11

Frieden kannst du nur haben, wenn du ihn gibst.

Marie von Ebner-Eschenbach (1830–1916), österreichische Schriftstellerin.
In: Aphorismen

Um an die Quelle zu kommen, muß man gegen den Strom schwimmen.

Aus Polen

Phil 2,12

Bibelstellenregister

In diesem Register werden nur die Bibelstellen genannt, auf die zusätzlich (in Kursivdruck) verwiesen wird.

Lukas

Johannes

Apostelgeschichte

Römer

1. Korinther

2. Korinther

Galater

Epheser

Nachwort

Zum Umgang mit den Zitaten verweisen wir auf das Vorwort und den Beitrag von Manfred Josuttis „Über die Kunst des Zitierens“ in Band 1 (S. 7–9; 11–17) dieses Werkes.

Noch einmal gilt der Dank des Verlags und der Herausgeber denen, die aus ihren großen Schätzen Zitate, Gedichte und Geschichten zugeschickt haben:

Frau Dr. Gundula Hiller,
Ebertsheim
Herrn Pfarrer Helmut Ballis,
Rothenburg o.d. Tauber
Herrn Pastor Reinhold von Hören (†),
früher Detmold
Herrn Dr. Wolfgang Schulz,
Gleichen
Herrn Pastor Burgert Brand,
Windhoek (Namibia)
Herrn Pastor P. M. Wiegandt,
Nordstemmen-Burgstemmen
Herrn Pfarrer Wilhelm Fröhlich,
Höxter
Herrn Heinz-Martin Krauß,
Bremen
Herrn Professor Dr. Werner Jetter,
Tübingen und
Herrn Professor Dr. Rudolf Bohren,
Heidelberg

Neben anderen enthält der Band viele Zitate aus dem „Cherubinischen Wandersmann“ von Angelus Silesius. Dies war Grund für die Herausgeber, Angelus Silesius vorzustellen (s. S. 273).

Leider konnten im ersten Band nicht alle Quellen sachgemäß angegeben werden. Aus diesem Grund werden unter „Quellenverzeichnis“ entsprechende Korrekturen zu Band 1 aufgeführt. Der Verlag dankt den betroffenen Verlagen für das Verständnis.

Angelus Silesius oder „Das Reich Gottes ist inwendig in euch“ (Lk 17,21b)

Leichte Kost ist es nicht, die Angelus Silesius uns in seinem Cherubinischen Wandersmann anbietet. Wer sich allein mit seiner theologischen Lieblingskost zufrieden gibt, dem wird das schwer im Magen liegen, was uns der „schlesische Engel“ da angerichtet hat, steht doch theologisches „Fast-food“ auf dem Speiseplan kirchlichen Alltags weiter oben als deftige Theologenkost. Und an Deftigem muß man etwas länger kauen. Aber wer es klein gekriegt hat, der wird erstaunlichen Nährwert feststellen.

Was stößt uns – um im Sprachbild zu bleiben – an diesem Denken und Glauben so sauer auf? Es ist das Verlagern allen Gottesempfindens und aller Gotteserkenntnis in das Herz des Menschen hinein. So neu ist dieser Gedanke ja nicht. Bei der Übersetzung des Neuen Testaments war es für Martin Luther keine Frage, wie er den Vers 21 aus dem 17. Kapitel des Lukasevangeliums übersetzen mußte: „Siehe, das Reich Gottes ist inwendig in euch!“ Nicht „mitten unter euch“, auch nicht „im Einflußbereich von euch“, wie es uns neuere Exegese so schmackhaft machen will (vgl. EWNT I, Sp. 1125–1127). Da war deutlich ausgesprochen, was für Angelus Silesius zu einem Glaubenssatz wurde:

Halt an, wo läufst du hin, der Himmel ist in dir:
Suchst du Gott anderswo, du fehlst ihn für und für.

Cherub. W. I, 82

Angelus Silesius ist der Dichtername des Johann Scheffler. Er wurde 1624 in Breslau geboren. 1643 begann er das Medizinstudium in Straßburg. Von dort ging er an die niederländische Universität nach Leyden, wo sich eine entscheidende Weichenstellung in seinem Leben anbahnt: Er wird mit dem Ideengut der Mystiker Meister Eckhart, Jakob Böhme und Valentin Weigel vertraut. Nach Abschluß seines Studiums in Padua (1648) wird er Leibarzt des Herzogs Sylvius Nimrod von Oels und tritt dem schlesischen Mystikerkreis des Abrahahm von Franckenberg (1593–1652) bei. Dessen Nachfolger Czepko (David von Reigersfeld 1605–1660) wird mit seiner „Monodisticha" formal und zum Teil wörtlich Scheffler beeinflussen.

1653 trat Johann Scheffler der römischen Kirche bei. Nicht zuletzt seine mystischen Erfahrungen hatten ihn der lutherischen Kirche entfremdet. Nun nennt er sich, auf seine himmlische und irdische Heimat weisend, Angelus Silesius (Schlesischer Engel). 1661 zum Priester geweiht, reiht er sich ein in die große Zahl römischer und protestantischer Polemiker. Seine „Geistlichen Sinn- und Schlußreime" von 1657 erscheinen 1675 unter dem Titel „Der Cherubinische Wandersmann". Johann Scheffler ist 1677 in Breslau gestorben. Von ihm stammen die Lieder EG 385 (ohne Strophe 3 – aus „Heilige Seelenlust", III, 171), 400, 401 (ohne Strophe 4) und 411 (aus „Cherub. W." III, 201).

Heinrich Bornkamm (RGG^3, Bd. 1, Sp. 373) charakterisiert Angelus Silesius mit folgenden Worten: „In meisterhaft knapper, oft paradoxer, mitunter spielerischer Form entwickelt er einen scharf ausgeprägten mystischen Gottesgedanken, doch ohne die Züge der Böhmeschen Naturmystik. Gott ergießt sein ganzes Sein in die Seele; sie vermag die völlige Verschmelzung mit ihm zu erleben, die Scheffler in einer Fülle von Bildern schildert."

Ein Vorbild für seine Darstellung fand Johann Scheffler in den mystischen Vorstellungen Meister Eckharts. Eine entscheidende Einsicht Eckharts war: die Seele eines jeden Menschen ist Gott. So bedeutet es für ihn einen höheren Stand, daß Gott in der Seele ist, denn daß die Seele in Gott ist. Oder anders gesagt: Der Mensch soll zusehen, nicht daß er in den Himmel komme, sondern daß der Himmel in ihn komme. Die Vereinigung mit Gott (unio mystica) erlebte Scheffler im aktiven Sinn. Er spitzt die Gedanken Eckharts zu:

> Ich weiß, daß ohne mich Gott nicht ein Nu kann leben,
> Werd' ich zunicht, er muß vor Not den Geist aufgeben.
>
> Cherub. W. I,82

Für Scheffler erhält das Bild der „geistigen Hochzeit" eine entscheidende Aussagekraft (vgl. etwa Cherub. W. I, 183; II,38.108; auch EG 400,2). Aber er weiß um die Grenzen dieser Vereinigung, wenn er sagt, daß die Kreatur weder der Natur noch dem Wesen nach Gott sei.

Die von Angelus Silesius ausdrucksstark verwendeten Bilder und Gleichnisse weisen auf einen tieferen Sinn hin. Es ist der Glaube, daß sich in allem Vorfindbaren das Geheimnis Gottes entdecken läßt. Er formuliert nichts anderes als die Entsprechung von Makrokosmos und Mikrokosmos:

> Kein Stäublein ist so schlecht, kein Tüpfchen ist so klein,
> Der Weise siehet Gott ganz herrlich drinne sein.
>
> Cherub. W. IV,160

Oder in aller Kürze

Nimm, was der Herr dir gibt,
Er gibt das Groß' im Kleinen.

Cherub. W. IV,14

Aber auch Jakob Böhme übte mit seinen Vorstellungen Einfluß auf Johann Scheffler aus. Für Böhme war beispielsweise die Schöpfung als Selbstoffenbarung Gottes ein „Spiel“, das Gott um seinetwillen erdacht hat (De signature rerum XVI,2). Bei Angelus Silesius hört sich das so an:

Dies alles ist ein Spiel, das sich die Gottheit macht,
Sie hat die Kreatur um ihretwill'n erdacht.

Cherub. W. II,198

Wie weitsichtig solche Einsichten sind, verrät ein Blick in das Buch von Manfred Eigen und Ruthild Winckler „Das Spiel – Naturgesetze steuern den Zufall“ (SP 410), in dem die Gestaltung der Materie, ihre Organisation zu lebenden Strukturen wie auch das soziale Verhalten der Menschen mit dem Naturphänomen des Spiels erklärt werden (trotz des Einwandes, Gott würfle nicht, der zu finden ist im Briefwechsel von Albert Einstein und Max Born, 1916–1955).

In unseren beiden Bänden können Sie sich auf die Spuren von Angelus Silesius begeben. Sie werden in sich Zuspruch und Widerspruch erleben. Es ist buchstäblich reizvoll, sich dieser „fremden“ Theologie anzunähern. Der Cherubinische Wandersmann endet mit einem zur Nachahmung empfohlenen Beschluß (VI, 263):

Freund, es ist auch genug. Im Fall du mehr willst lesen,
So geh und werde selbst die Schrift und auch das Wesen.

Quellenverzeichnis

Nicht bei allen Zitaten war es – trotz großer Bemühung – möglich, die genaue Quelle zu nennen. Dafür bitten Verlag und Herausgeber um Nachsicht. Sollten Leserinnen und Leser nähere Angaben machen können, bittet der Verlag um entsprechende Hinweise.

Unser Dank gilt den Verlagen für die (z. T. kostenfreie) Genehmigung zum Abdruck von Zitaten.

Neben den Werken von *Angelus Silesius* (s. S. 273) und *Martin Buber* wurden vor allem berücksichtigt.

Spurgeon / Milton
Illustration und Meditationen
oder: Blumen aus dem Garten eines Puritaners, destilliert und dargeboten von C. H. Spurgeon, Prediger in London. Hamburg, Druck und Verlag J. G. Oncken's Nachfolger (Phil. Bickel), 1884.

Weisung der Väter. Apophthegmata, auch Gerontikon oder Alphabeticum genannt. Einleitung: Wilhelm Nyssen. Übersetzung: Bonifaz Miller, 3. unveränderte Auflage 1986. In: Sophia, Band 6: Weisung der Väter. Paulinus-Verlag Trier.

Reclams Zitaten-Lexikon. Von Johannes John. Philipp Reclam jun., Stuttgart 1992.

Corrigenda zu Quellenangaben in Band 1

S. 22: Antoine de Saint-Exupéry = © 1958 Karl Rauch Verlag KG, Düsseldorf (Carnets).

S. 59: Martin Buber = In: Die Erzählungen der Chassidim, Manesse Verlag, Zürich 1949

S. 77: Albert Schweitzer, Kultur und Ethik = C. H. Beck'sche Verlagsbuchhandlung, München

S. 80: Antoine de Saint-Exupéry = © 1950 und 1956 Karl Rauch Verlag KG, Düsseldorf (Der kleine Prinz)